Financement climatique fourni et mobilisé par les pays développés en 2016-2020

ENSEIGNEMENTS TIRÉS D'UNE ANALYSE DÉSAGRÉGÉE

OCDE

DES POLITIQUES MEILLEURES
POUR UNE VIE MEILLEURE

Cet ouvrage est publié sous la responsabilité du Secrétaire général de l'OCDE. Les opinions et les arguments exprimés ici ne reflètent pas nécessairement les vues officielles des pays Membres de l'OCDE.

Ce document, ainsi que les données et cartes qu'il peut comprendre, sont sans préjudice du statut de tout territoire, de la souveraineté s'exerçant sur ce dernier, du tracé des frontières et limites internationales, et du nom de tout territoire, ville ou région.

Les données statistiques concernant Israël sont fournies par et sous la responsabilité des autorités israéliennes compétentes. L'utilisation de ces données par l'OCDE est sans préjudice du statut des hauteurs du Golan, de Jérusalem-Est et des colonies de peuplement israéliennes en Cisjordanie aux termes du droit international.

Note de la République de Türkiye
Les informations figurant dans ce document qui font référence à « Chypre » concernent la partie méridionale de l'Ile. Il n'y a pas d'autorité unique représentant à la fois les Chypriotes turcs et grecs sur l'Ile. La Türkiye reconnaît la République Turque de Chypre Nord (RTCN). Jusqu'à ce qu'une solution durable et équitable soit trouvée dans le cadre des Nations Unies, la Türkiye maintiendra sa position sur la « question chypriote ».

Note de tous les États de l'Union européenne membres de l'OCDE et de l'Union européenne
La République de Chypre est reconnue par tous les membres des Nations Unies sauf la Türkiye. Les informations figurant dans ce document concernent la zone sous le contrôle effectif du gouvernement de la République de Chypre.

Merci de citer cet ouvrage comme suit :
OCDE (2022), *Financement climatique fourni et mobilisé par les pays développés en 2016-2020 : Enseignements tirés d'une analyse désagrégée*, Éditions OCDE, Paris, https://doi.org/10.1787/6cbb535f-fr.

ISBN 978-92-64-33124-2 (imprimé)
ISBN 978-92-64-56407-7 (pdf)
ISBN 978-92-64-49678-1 (HTML)
ISBN 978-92-64-69879-6 (epub)

Contexte

À la quinzième Conférence des Parties à la CCNUCC tenue en 2009 à Copenhague (COP15), les pays développés se sont engagés à mobiliser collectivement 100 milliards USD par an en faveur de l'action climatique dans les pays en développement à l'horizon 2020, dans l'optique de mesures concrètes d'atténuation et d'une mise en œuvre transparente (CCNUCC, 2009[1]). Cet objectif a été formalisé dans les Accords de Cancún adoptés à la COP16 (CCNUCC, 2010[2]). Lors de la COP21 à Paris, l'objectif annuel de 100 milliards USD a été prolongé jusqu'en 2025 (CCNUCC, 2015[3]).

Depuis 2015, à la demande des pays donneurs, l'OCDE produit des analyses des progrès accomplis vers cet objectif[1]. Ces analyses s'appuient sur les meilleures données disponibles et sur un cadre comptable solide, conforme aux résultats de la COP24 approuvés par toutes les Parties à l'Accord de Paris en ce qui concerne les sources de financement et les instruments financiers liés à la communication d'informations sur les ressources financières fournies et mobilisées par les interventions publiques (CCNUCC, 2019[4]).

Les chiffres de l'OCDE rendent compte de quatre composantes distinctes du financement climatique fourni et mobilisé par les pays développés : (I) le financement climatique public bilatéral fourni par les agences bilatérales et les banques de développement des pays développés ; ii) le financement climatique public multilatéral fourni par les banques multilatérales de développement et les fonds climatiques multilatéraux, attribué aux pays développés ; (iii) les crédits à l'exportation liés au climat bénéficiant d'un soutien public, fournis par les organismes publics de crédit à l'exportation des pays développés ; et (iv) le financement privé mobilisé par le financement climatique public bilatéral et multilatéral, attribué aux pays développés.

Par conséquent, les chiffres du financement climatique présentés dans ce rapport ne rendent pas compte de l'ensemble du financement de l'action climatique dans les pays en développement. Compte tenu de la portée géographique de l'objectif de 100 milliards USD, les chiffres ne tiennent compte ni du financement climatique public intérieur des pays en développement, ni du financement climatique public bilatéral entre pays en développement (coopération Sud-Sud), ni du financement climatique privé multilatéral et mobilisé attribuable aux pays en développement. En outre, les chiffres n'incluent ni le financement privé catalysé par des interventions de politiques publiques, pour lequel il n'existe pas de méthodologie de mesure, ni le financement privé investi en l'absence d'interventions publiques.

En 2022, l'OCDE a publié un premier rapport intitulé « Tendances agrégées du financement climatique fourni et mobilisé par les pays développés en 2013-2020 », qui ajoute les chiffres de 2020 aux séries chronologiques 2013-2019 publiées précédemment, fournissant ainsi une évaluation globale par rapport à l'année cible initiale de l'objectif (OCDE, 2022[5]). Le présent rapport fournit des analyses et éclairages complémentaires en étudiant plus en détail les grandes tendances au sein des différentes composantes du financement climatique, ainsi que la répartition et la concentration du financement climatique fourni et mobilisé selon différentes caractéristiques et groupes de pays en développement. Ce rapport aborde également des questions relatives aux conditions d'investissement, aux impacts et à l'efficacité du financement climatique, ainsi qu'à la pertinence des mesures d'atténuation et à la transparence de la mise en œuvre.

Ce rapport a été préparé conjointement par les Directions de l'Environnement et de la Coopération pour le Développement de l'OCDE. Il a également bénéficié de données spécifiques fournies en 2020 par la Direction des Echanges et de l'Agriculture de l'OCDE (pour la majorité des crédits à l'exportation) ainsi que par les pays donneurs (apport de financement climatique public bilatéral pour 2019-2020 en amont de la notification à la CCNUCC, reportée à fin 2022).

---

[1] Voir la série d'ouvrages de l'OCDE intitulée « Climate Finance and the USD 100 Billion Goal », à l'adresse https://doi.org/10.1787/5f1f4182-en

Messages clés

Le rapport de l'OCDE intitulé « Tendances agrégées du financement climatique fourni et mobilisé par les pays développés en 2013-2020 » (OCDE, 2022[5]), publié en juillet 2022, présente des chiffres globaux et des tendances jusqu'en 2020, année cible initiale de l'objectif de 100 milliards USD. La première section des Messages clés les récapitule.

Le présent rapport, complémentaire, qui porte sur la période 2016-2020, fournit une analyse désagrégée et des éclairages sur la répartition et la concentration du financement climatique fourni et mobilisé ventilés par thèmes, secteurs et instruments financiers, ainsi que sur la base de différentes caractéristiques et groupes de pays en développement (voir « Enseignements tirés des tendances observées », ci-après). Ces éclairages peuvent toutefois ne pas être représentatifs du large éventail de caractéristiques individuelles des portefeuilles des fournisseurs de financement climatique ou de la situation individuelle des pays en développement.

Le rapport examine également des questions relatives aux impacts et à l'efficacité du financement climatique, ainsi qu'à la pertinence des mesures d'atténuation et à la transparence de la mise en œuvre (voir « Éléments d'information sur l'efficacité, les impacts et la transparence », ci-après).

Récapitulatif des chiffres de 2020 et des tendances agrégées

- En 2020, les pays développés ont fourni et mobilisé 83.3 milliards USD pour l'action climatique dans les pays en développement. Bien qu'en hausse de 4 % par rapport à 2019, ce chiffre était inférieur de 16.7 milliards USD à l'objectif de 100 milliards USD par an initialement fixé pour 2020.
- En 2020, le financement climatique public (à la fois bilatéral et multilatéral attribuable aux pays développés) a augmenté et a continué de représenter la plus grosse part du total (68.3 milliards USD, soit 82 %). Le financement privé mobilisé par le financement climatique public (13.1 milliards USD) a légèrement diminué par rapport aux années précédentes, tandis que les crédits à l'exportation liés au climat sont restés modestes (1.9 milliard USD).
- Le financement de l'atténuation représentait encore la majorité (58 %) en 2020, malgré une baisse de 2.8 milliards USD par rapport à 2019. Le financement de l'adaptation a augmenté, en valeur absolue (8.3 milliards USD de plus qu'en 2019) comme en valeur relative (34 % en 2020 contre 25 % en 2019). Cette augmentation est, dans une large mesure, le résultat de quelques grands projets d'infrastructure. Les activités transversales sont restées une catégorie minoritaire (7 %) presque exclusivement utilisée par les fournisseurs publics bilatéraux.
- Le financement de l'atténuation a été principalement axé (à 46 %) sur des activités dans les secteurs de l'énergie et des transports. En revanche, le financement de l'adaptation a été réparti de manière plus égale entre un plus grand nombre de secteurs et axé sur des activités dans le secteur de l'approvisionnement en eau et de l'assainissement, ainsi que l'agriculture, la foresterie et la pêche.
- Comme les années précédentes, les prêts ont représenté plus de 70 % du financement climatique public fourni (71 %, soit 48.6 milliards USD en 2020, prêts concessionnels et prêts non concessionnels compris). La part des dons est restée stable par rapport à 2019 (26 %, soit 17.9 milliards USD). Les prises de participations publiques sont restées très limitées.
- Au cours de la période 2016-2020, le financement climatique fourni et mobilisé a ciblé principalement l'Asie (42 %) et les pays à revenu intermédiaire (43 % et 27 % respectivement pour les pays à revenu intermédiaire de la tranche inférieure et de la tranche supérieure). En outre, 50 % du total était concentré dans 20 pays d'Asie, d'Afrique et des Amériques, qui représentaient 74 % de la population de l'ensemble des pays en développement.

Infographie 1. Financement climatique fourni et mobilisé

Financement climatique fourni et mobilise (milliards USD)

Légende :
- Financement privé mobilisé (attribué)
- Crédits à l'exportation
- Financement public multilatéral (attribué)
- Financement public bilatéral

(OCDE, 2022)

2016 — 58.5 : 10.1 / 18.9 / 28.0
2017 — 71.6 : 14.5 / 27.1 / 27.0
2018 — 79.9 : 14.7 / 30.5 / 32.0
2019 — 80.4 : 14.4 / 34.7 / 28.7
2020 — 83.3 : 13.1 / 36.9 / 31.4

Thèmes climatiques
(2016-2020, %)

- Adaptation
- Transversal
- Atténuation

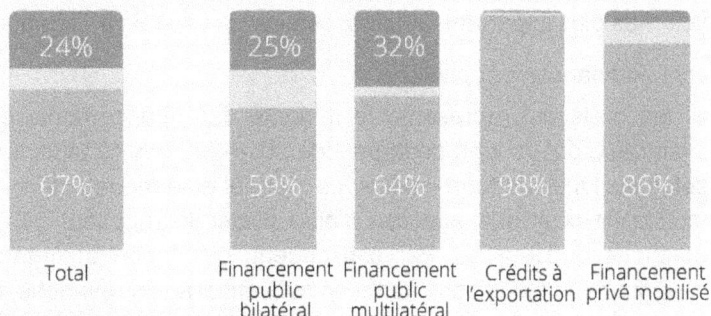

	Total	Financement public bilatéral	Financement public multilatéral	Crédits à l'exportation	Financement privé mobilisé
Adaptation	24%	25%	32%		
Atténuation	67%	59%	64%	98%	86%

Secteurs (2016-2020, %)

- Autres secteurs
- Industrie, extraction et construction
- Eau et assainissement
- Agriculture, sylviculture et pêche
- Transport
- Énergie

	Total	Financement public bilatéral	Financement public multilatéral	Crédits à l'exportation	Financement privé mobilisé
	8%	9%	10%		
	9%	9%	11%		
	14%	18%	16%		53%
	32%	26%	26%	81%	

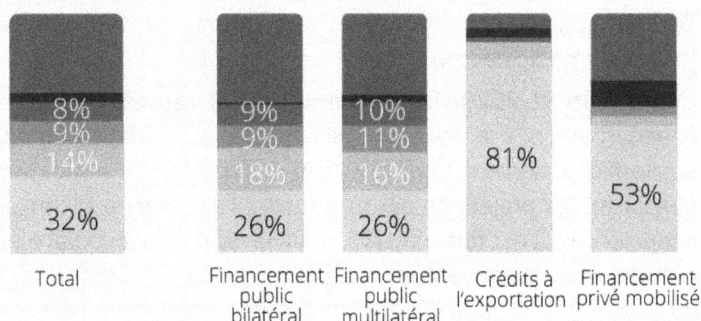

Instruments de financement climatique public
(2016-2020, %)

- Prise de participation
- Don
- Prêt

	Total	Financement public bilatéral	Financement public multilatéral
Don	25%	37%	14%
Prêt	72%	59%	84%

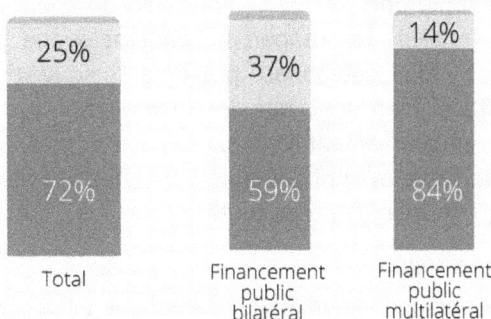

Dans le cadre du financement public multilatéral :

Fonds multilatéraux pour le climat : 39% / 56%

Banques multilaterals de développement : 91% / 7%

Source : Sur la base des rapports biennaux à la CCNUCC, des statistiques du CAD de l'OCDE et du Groupe sur les crédits à l'exportation, et des montants faisant l'objet d'une notification supplémentaire à l'OCDE. Infographie supérieure corrigée de (OCDE, 2022[5]).

Enseignements tirés de l'analyse désagrégée des données

Répartition thématique entre l'atténuation et l'adaptation :

- En 2016-2020, le financement climatique fourni et mobilisé par les pays développés a été principalement consacré à l'atténuation dans des pays avec des émissions relativement élevées. Cette tendance s'explique probablement par le fait que les projets de grande envergure et financièrement viables sont plus facilement accessibles pour l'atténuation que pour l'adaptation.

- La part relative du financement de l'adaptation varie considérablement au sein des groupes de pays et d'un pays à l'autre. Entre 2016 et 2020, près de la moitié du financement climatique total fourni et mobilisé en faveur des petits États insulaires en développement (PEID) et des pays les moins avancés (PMA) ciblait l'adaptation. Le financement de l'adaptation par habitant dans ces pays était supérieur à la moyenne des pays en développement dans leur ensemble.

- De nombreux pays en développement, y compris les PMA, ne disposent pas des capacités suffisantes pour élaborer et mettre en œuvre des projets de financement climatique, ni pour accéder aux financements internationaux et pour les gérer, ce qui les empêche d'obtenir des volumes plus importants de financements à l'appui de l'adaptation et de l'atténuation.

Instruments de financement public :

- Si les prêts ont représenté la majorité des financements climatiques publics multilatéraux et bilatéraux tout au long de la période 2016-2020, la répartition des instruments a été très variable selon les types de fournisseurs. Le mandat et le modèle de fonctionnement des fonds climatiques multilatéraux et des agences d'aide bilatérale reposent généralement sur des contributions et dotations budgétaires. Par conséquent, ces fonds et organismes sont en mesure d'engager davantage de fonds sous forme de subventions. En revanche, le mandat et le modèle économique de nombreuses banques multilatérales de développement (BMD) et institutions bilatérales de financement du développement s'appuient davantage sur des instruments financiers qui entraînent des remboursements et des intérêts (prêts) ou des perspectives de revente et de rendement (prises de participation).

- Entre 2016 et 2020, les subventions ont représenté une part beaucoup plus importante du financement des activités transversales et d'adaptation que des activités d'atténuation. Les subventions servent généralement à financer le renforcement des capacités, les études de faisabilité, les projets de démonstration, l'assistance technique et les activités dont le rendement financier direct est faible ou nul, mais le rendement social élevé. Les prêts publics de financement climatique sont souvent utilisés pour financer des technologies matures ou quasi matures ainsi que de grands projets d'infrastructure générateurs de revenus futurs, qui sont prédominants dans le financement de l'atténuation et dans les pays à revenu intermédiaire.

- Les dons ont représenté une part plus importante du financement climatique pour les PEID, les PMA et les états fragiles, par rapport à l'ensemble des pays en développement. Les pays appartenant à ces trois catégories présentent souvent des conditions économiques et sociopolitiques qui ne favorisent pas le financement par emprunt en raison de capacités d'absorption et de remboursement limitées. Les institutions et projets bénéficiaires dans les pays à revenu intermédiaire et élevé ont généralement une capacité relativement plus élevée à solliciter, absorber, déployer et rembourser des prêts.

Mobilisation de financements privés :

- Augmenter la mobilisation du financement climatique privé s'est révélé difficile. Après une hausse entre 2016 et 2017, elle a stagné entre 2017 et 2019 avant de reculer en 2020. La capacité des pays développés à mobiliser des financements privés pour l'action climatique dans les pays en développement dépend de nombreux facteurs. Ils incluent notamment la composition des portefeuilles des fournisseurs bilatéraux et multilatéraux (atténuation-adaptation, instruments et mécanismes, géographie et secteurs), les politiques publiques et conditions d'investissement de manière plus large dans les pays en développement, ainsi que les conditions macroéconomiques générales.

- L'adaptation a continué de représenter une faible part du financement climatique privé mobilisé. Contrairement à de nombreux projets d'atténuation, notamment dans le secteur de l'énergie, les projets d'adaptation manquent souvent des sources de recettes nécessaires pour obtenir des financements privés à grande échelle. Il est également difficile de mobiliser des financements privés pour des activités qui renforcent la résilience d'acteurs de plus petite taille, comme les petites entreprises ou les agriculteurs.

- Les fournisseurs de financement public ont utilisé différents mécanismes pour mobiliser du financement privé dans différents contextes nationaux, sectoriels et de risques. L'analyse des données présentée dans ce rapport et une enquête qualitative de l'OCDE sur les portefeuilles des fournisseurs ont confirmé le rôle clé du financement de projet, des garanties et des prêts syndiqués dans la mobilisation de financements privés à grande échelle pour de grands projets. Les mécanismes de cofinancement simple et les lignes de crédit se sont, eux, révélés bien adaptés pour cibler la mobilisation d'acteurs relativement plus petits.

- L'essentiel du financement climatique privé a été mobilisé pour des projets dans des pays à revenu intermédiaire dotés d'un environnement relativement favorable et présentant un profil de risque relativement faible. Il existe toutefois des différences entre les différents types de fournisseurs. Dans l'ensemble, les BMD ont mobilisé une plus grande proportion de financement privé pour les pays en développement présentant un profil de risque relativement plus élevé que les fournisseurs bilatéraux et, plus encore que les fonds climatiques multilatéraux.

- Les fournisseurs comme les bénéficiaires ont la possibilité d'accroître la mobilisation de financements privés. Cela implique notamment de renforcer les réglementations nationales des pays en développement d'instaurer des conditions d'investissement plus propices, ainsi que de développer des pipelines de projets et des opportunités d'investissement à grande échelle. Du côté des fournisseurs, l'enquête de l'OCDE suggère qu'il est possible de mettre au point des mécanismes financiers plus innovants et de mieux combiner les ressources et instruments publics et privés dans différents contextes nationaux, sectoriels et à risque.

Éclairages sur l'efficacité, les impacts et la transparence

- L'analyse présentée dans ce rapport repose sur les données officielles sur le financement climatique communiquées par les fournisseurs bilatéraux et multilatéraux. Les méthodologies de suivi du financement de l'adaptation, de l'atténuation et des activités transversales diffèrent selon les fournisseurs et peuvent varier dans le temps, ce qui peut avoir une incidence sur les volumes et la répartition thématique du financement climatique. Les investissements dans de grands projets d'infrastructure contribuent également de manière significative aux variations annuelles des chiffres des financements publics et privés mobilisés. Afin de répondre aux besoins analytiques fondamentaux et de renforcer la confiance, il est essentiel que les différents fournisseurs publics de financement climatique redoublent d'efforts pour communiquer des données détaillées au niveau des activités ainsi que d'éventuels changements méthodologiques,.

- Le financement climatique fourni et mobilisé par les pays développés est un moyen au service d'un objectif. Évaluer son efficacité est important mais complexe. Outre l'analyse d'impact détaillée au niveau des activités, il faut pour cela une évaluation globale du changement, qui se heurte à des limitations en terme de données et à des difficultés pour déterminer les délais appropriés pour l'évaluation et attribuer la causalité. En outre, l'efficacité peut être appréhendée différemment par différentes communautés.

- La poursuite des efforts des fournisseurs et des bénéficiaires pour mieux mesurer les impacts pourrait contribuer à améliorer les évaluations de l'efficacité. Cela implique de relever les défis ci-après :

  - L'agrégation des informations disponibles sur les résultats en matière d'atténuation et d'adaptation du financement climatique fourni et mobilisé demeure difficile car ces informations sont communiquées au moyen de méthodologies, d'approches et d'indicateurs différents.

  - Les pays développés se sont engagés à atteindre l'objectif de 100 milliards USD par an dans le cadre de « mesures d'atténuation significatives et de transparence sur la mise en œuvre ». Très peu d'informations est disponible sur l'utilisation et les impacts du financement climatique reçu par les pays en développement et sur les mesures mises en œuvre. Cela tient en partie à la nature non obligatoire des exigences de notification par les pays en développement au titre de la CCNUCC sur ces questions, et à la capacité limitée de ces pays à rassembler ces informations.

- Il est de plus en plus admis que l'action internationale doit aller au-delà des résultats directs liés au climat, et viser à soutenir, à faciliter et à accélérer de manière plus générale la transition vers un développement à faibles émissions de gaz à effet de serre et résilient au changement climatique. Dans ce contexte, l'intégration par les pays en développement des politiques et des objectifs climatiques (tels que définis dans les Contributions déterminées au niveau national, par exemple) dans les plans et processus nationaux de développement est un facteur important d'une action climatique efficace et propre à chaque pays.

Table des matières

Financement climatique fourni et mobilisé : une analyse par thème climatique

Ce chapitre présente des analyses ventilées et des éclairages sur l'évolution du financement climatique de l'atténuation, de l'adaptation et transversal. Il examine les caractéristiques de la répartition des thèmes climatiques par type de fournisseur, par secteur et en fonction des caractéristiques et des groupes de pays bénéficiaires. L'analyse porte sur les quatre composantes du financement climatique : le financement public bilatéral, le financement public multilatéral, les crédits à l'exportation et les financements privés mobilisés.

Comme indiqué dans le (OCDE, 2022[5]), le financement climatique total fourni et mobilisé par les pays développés en faveur des pays en développement s'est élevé à 83.3 milliards USD en 2020. Sur ce total, 48.6 milliards USD (58 %) ont été alloués à l'atténuation, 28.6 milliards USD (34 %) à l'adaptation et 6.0 milliards USD (7 %) à des activités transversales. Entre 2016 et 2020, c'est le financement de l'adaptation qui a le plus progressé en termes absolus et relatifs. En 2016, les mesures d'atténuation ont représenté 42.2 milliards USD (72 %), les mesures d'adaptation 10.1 milliards USD (17 %) et les mesures transversales 6.2 milliards USD (11 %).[2]

Répartition des thèmes climatiques entre les quatre composantes du financement climatique

Dans chacune des quatre composantes, le financement de l'atténuation a représenté en moyenne la plus grande part au cours de la période 2016-2020, bien que sa part ait considérablement varié entre les quatre (Graphique 1). Le financement climatique privé mobilisé et les crédits à l'exportation étaient presque exclusivement axés sur l'atténuation, tandis qu'environ un quart du financement climatique public ciblait l'adaptation.[3] Le financement transversal, qui peut concerner à la fois l'atténuation et l'adaptation, a représenté une part relativement importante du financement public bilatéral (16 % en moyenne sur la période 2016-20), mais moins de 5 % du financement multilatéral public, des crédits à l'exportation et des financements climatiques privés mobilisés sur la même période. Parmi les fournisseurs multilatéraux, la part des financements transversaux était plus élevée pour les fonds climatiques multilatéraux (16 %) que pour les BMD (2 %). Les BMD et les fonds climatiques fournissent et mobilisent des parts similaires du financement axé sur l'adaptation (32 % et 30 %, respectivement).

La part des financements ciblant uniquement l'adaptation est restée inférieure à un tiers dans chaque composante, mais a augmenté dans le financement public bilatéral et multilatéral entre 2016 et 2020. En particulier, la part du financement de l'adaptation dans le financement climatique bilatéral a doublé, passant de 18 % en 2016 à 36 % en 2020. La part des financements à l'appui de l'adaptation dans le financement privé mobilisé a connu une forte hausse en 2019-20, passant de 11 % à 25 %. Cette augmentation est principalement due à un projet d'infrastructure de grande ampleur dans un PMA africain, soutenu par une institution multilatérale et notifié avec un important volet adaptation au changement climatique. Ce projet illustre comment des investissements isolés peuvent contribuer de manière substantielle à la montée du financement climatique dans différents thèmes, secteurs ou zones géographiques, comme expliqué plus en détail dans une section ultérieure de ce chapitre (page 21).

---

[2] Les chiffres étant arrondis, les totaux ne correspondent pas nécessairement à la somme de leurs composantes.

[3] S'agissant des crédits à l'exportation, cette répartition thématique s'explique au moins en partie par des biais de couverture, car les données disponibles sur les crédits à l'exportation portent presque uniquement sur les opérations liées aux énergies renouvelables (voir l'annexe A pour plus de détails).

Graphique 1. Répartition des thèmes climatiques par composante du financement climatique en 2016-2020 (%)

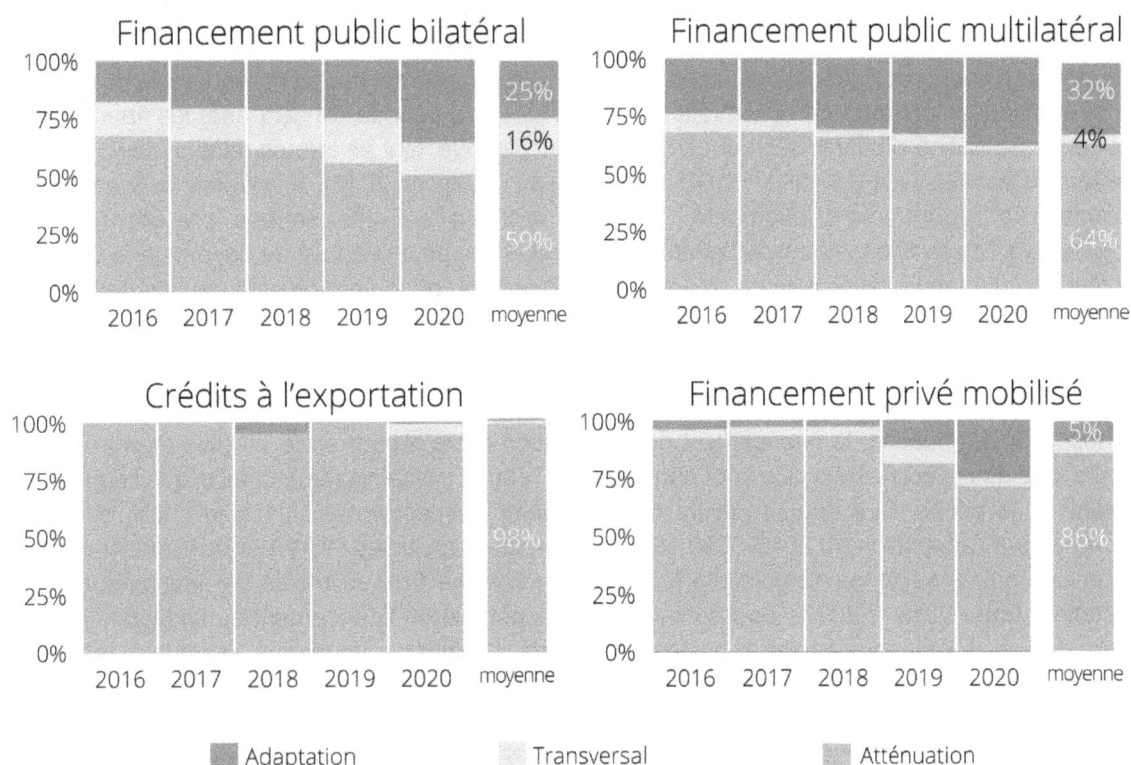

Source : Sur la base des rapports biennaux à la CCNUCC, des statistiques du CAD de l'OCDE et du Groupe sur les crédits à l'exportation, et des montants faisant l'objet d'une notification supplémentaire à l'OCDE.

Le financement « Ciblant les deux objectifs » correspond au financement de projets bénéfiques sur le plan de l'atténuation et de l'adaptation ou au financement climatique qui n'était pas encore attribué à des activités d'atténuation et/ou d'adaptation au moment où les données ont été communiquées — par exemple, dons pour le renforcement des capacités, dont l'affectation est à la discrétion du bénéficiaire. La part des financements transversaux a progressivement diminué pour les BMD au cours des cinq années considérées, mais est restée relativement importante pour les fournisseurs bilatéraux et les fonds climatiques multilatéraux. Cette différence est toutefois probablement due à des pratiques méthodologiques et de notification différentes, qui peuvent à leur tour avoir un impact sur les volumes et la répartition thématique du financement climatique. Contrairement aux fournisseurs bilatéraux et aux fonds climatiques multilatéraux, les BMD utilisent rarement la catégorie transversale dans leurs activités de suivi et de notification du financement climatique, car elles s'efforcent de séparer les volets atténuation et adaptation au sein de projets individuels répondant à ces deux objectifs (Groupe des banques multilatérales de développement (BMD), 2021[6]). S'agissant du financement climatique public bilatéral, le format dans lequel les données sont notifiées ne permet pas de procéder à une analyse granulaire de la nature exacte des activités notifiées comme « transversales ». Néanmoins, on peut observer qu'au cours des dernières années, un nombre croissant de fournisseurs bilatéraux se sont également efforcés de réduire le recours à la catégorie transversale pour la notification de leurs contributions au financement climatique (voir Annex A).

Thèmes climatiques dans les différents secteurs

Les financements à l'appui de l'atténuation ont été principalement orientés vers les secteurs de l'énergie (46 %) et des transports (17 %), qui, ensemble, ont représenté près des deux tiers du total des financements à l'appui de l'atténuation en 2016-20. Tous les autres secteurs ont représenté chacun moins de 6 % du financement total de l'atténuation. Toutefois, sur la période de cinq ans, les financements à l'appui de l'atténuation ciblant le secteur de l'énergie ont diminué, tant en termes relatifs (de 51 % à 44 %) qu'en termes absolus (soit 0.8 milliard USD de moins en 2020 qu'en 2016). À l'inverse, le financement de l'atténuation a régulièrement augmenté dans les secteurs qui, les années précédentes, étaient principalement liés au financement de l'adaptation. C'est le cas pour l'agriculture, la foresterie et la pêche, ainsi que pour l'approvisionnement en eau et l'assainissement, où le financement de l'atténuation a plus que triplé, en termes relatifs et absolus, principalement grâce au financement climatique public multilatéral. Par exemple, la part des financements ciblant l'agriculture, la foresterie et la pêche a presque quadruplé, passant de 1.8 % en 2016 à 7 % en 2020 (soit une augmentation de 2.5 milliards USD).

Par rapport à l'atténuation, le financement de l'adaptation a été réparti entre un plus grand nombre de secteurs. Les deux secteurs les plus importants étaient l'eau et l'assainissement, ainsi que l'agriculture, la foresterie et la pêche. Ces deux secteurs ont représenté respectivement 21 % et 19 % du total des financements à l'adaptation en 2016-2020, suivis de secteurs multiples (13 %) et des transports (11 %). Chacun des autres secteurs restants représentait en moyenne 5 % ou moins du financement total de l'adaptation. Entre 2016 et 2020, l'augmentation la plus notable du financement de l'adaptation dans un secteur donné a été enregistrée dans les transports ; celui-ci a plus que quintuplé, passant de 0.7 milliard USD en 2016 à 4.7 milliards USD en 2020. Au cours de la même période, le soutien aux activités liées à la santé, aux politiques et programmes en matière de population et à l'éducation a également fortement augmenté, passant de 0.1 milliard USD à 1.2 milliard USD. Parmi les autres secteurs où le financement climatique a connu une croissance rapide figurent les entreprises et les autres services, ainsi que l'infrastructure et les services sociaux.[4]

En 2016-2020, les financements transversaux, qui sont principalement notifiés par les fournisseurs bilatéraux, ont ciblé pour la plupart le secteur de la protection de l'environnement en général (21 %), l'agriculture, la foresterie et la pêche (17 %) et les secteurs dits « multisectoriels » (14 %). Ces proportions sont restées stables au cours des cinq dernières années.

Thèmes climatiques dans différentes catégories de pays bénéficiaires

Le financement de l'atténuation a représenté plus des deux tiers du total des financements climatiques fournis et mobilisés dans chaque région au cours de la période 2016-2020, à l'exception de l'Océanie (voir Graphique 2). Néanmoins, entre 2016 et 2020, la part des financements à l'adaptation fournis ou mobilisés dans chaque région a augmenté, en particulier en Afrique, où elle est passée de 25 % en 2016 à 45 % en 2020 (soit une hausse de 6.6 milliards USD).[5] Dans toutes les régions sauf l'Océanie, la part des financements transversaux est restée faible (moins de 10 %).

---

[4] L'industrie, l'exploitation minière et la construction sont les secteurs qui ont connu la plus forte expansion en 2016-2020, enregistrant une croissance de 2 200 %, en précisant toutefois que le niveau était très bas au départ. Cela s'explique toutefois par le projet d'infrastructure à grande échelle mentionné plus haut.

[5] Le financement de l'adaptation en direction de l'Afrique a régulièrement augmenté entre 2016 et 2019, avant de bondir notablement en 2019-2020 en raison du vaste projet d'infrastructure susmentionné soutenu par des financements climatiques privés mobilisés.

Graphique 2. Thème climatique selon les régions et les groupes de revenu en 2016-2020 (%)

Répartition thématique par régions de pays en développement (2016-2020, %)

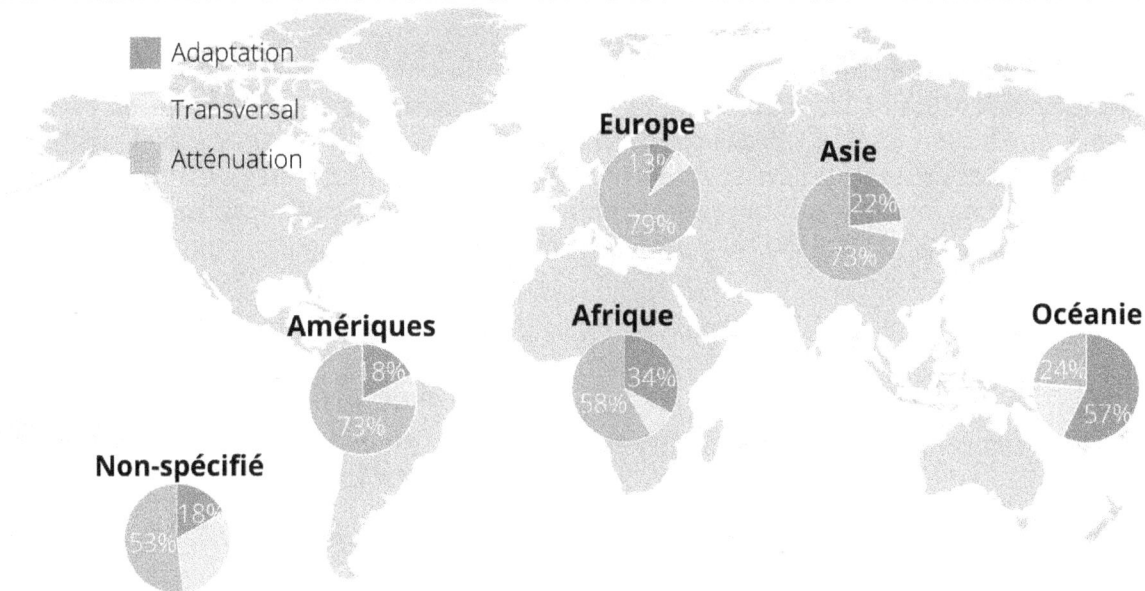

- Adaptation
- Transversal
- Atténuation

Europe 79%

Asie 22% 73%

Amériques 18% 73%

Afrique 34% 58%

Océanie 24% 57%

Non-spécifié 18% 53%

Ces régions ne couvrent que les pays en développement

Répartition thématique par groupes de revenus (2016-2020, %)

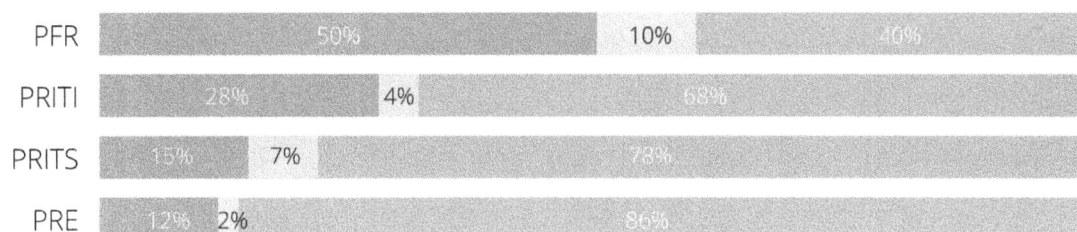

PFR	50%	10%	40%
PRITI	28%	4%	68%
PRITS	15%	7%	78%
PRE	12%	2%	86%

Note : Ce graphique ne reflète pas pleinement les différences des pays en développement en termes de taille, de population et d'autres conditions socio-économiques. Les régions incluses ne couvrent que les pays en développement, tels que définis à l'annexe B.
Source : Sur la base des rapports biennaux à la CCNUCC, des statistiques du CAD de l'OCDE et du Groupe sur les crédits à l'exportation, et des montants faisant l'objet d'une notification supplémentaire à l'OCDE.

En termes relatifs, le financement de l'adaptation représentait une part plus importante dans les régions comptant un nombre relativement élevé de pays à faible revenu (Afrique, Asie) que dans celles comptant un plus grand nombre de pays à revenu intermédiaire (Europe, Amérique). Au niveau agrégé, plus le groupe de revenu est faible, plus la part du financement de l'adaptation est élevée et plus la part du financement de l'atténuation est faible. Dans les PFR, l'adaptation a représenté pas moins de 50 % du financement climatique total fourni et mobilisé, contre 15 % dans les PRITS. À l'inverse, la part du financement de l'atténuation était de 78 % dans les PRITS et de 40 % dans les PFR. Les pays à faible revenu et à revenu intermédiaire de la tranche inférieure ont bénéficié ensemble des deux tiers du financement de l'adaptation en 2016-20.

Dans le même temps, les tendances globales peuvent masquer des différences significatives dans les tendances propres à chaque pays. Au sein des régions et des groupes de pays, la répartition thématique du financement climatique varie considérablement selon les pays bénéficiaires. Par exemple, la part du financement de l'adaptation dans les pays bénéficiaires allait de 1 % à 95 % en 2016-2020. Dans la moitié des pays bénéficiaires, la part du financement de l'adaptation a augmenté au cours de cette période.

Financement de l'adaptation pour les PEID et les PMA

En moyenne, près de la moitié du financement climatique total fourni et mobilisé en faveur des PEID et des PMA entre 2016 et 2020 ciblait spécifiquement l'adaptation (48 % et 45 %, respectivement) (Graphique 3). En outre, 12 % et 7 % du financement climatique total fourni et mobilisé dans les PEID et les PMA ciblaient des objectifs transversaux. Sur la période de cinq ans, 3.6 milliards USD ont été fournis et mobilisés au total pour l'adaptation dans les PEID et 28.6 milliards USD dans les PMA, soit une moyenne annuelle de 0.7 milliard USD et 5.7 milliards USD.[6]

Graphique 3. Financement de l'adaptation fourni et mobilisé dans les PEID et les PMA en 2016-20

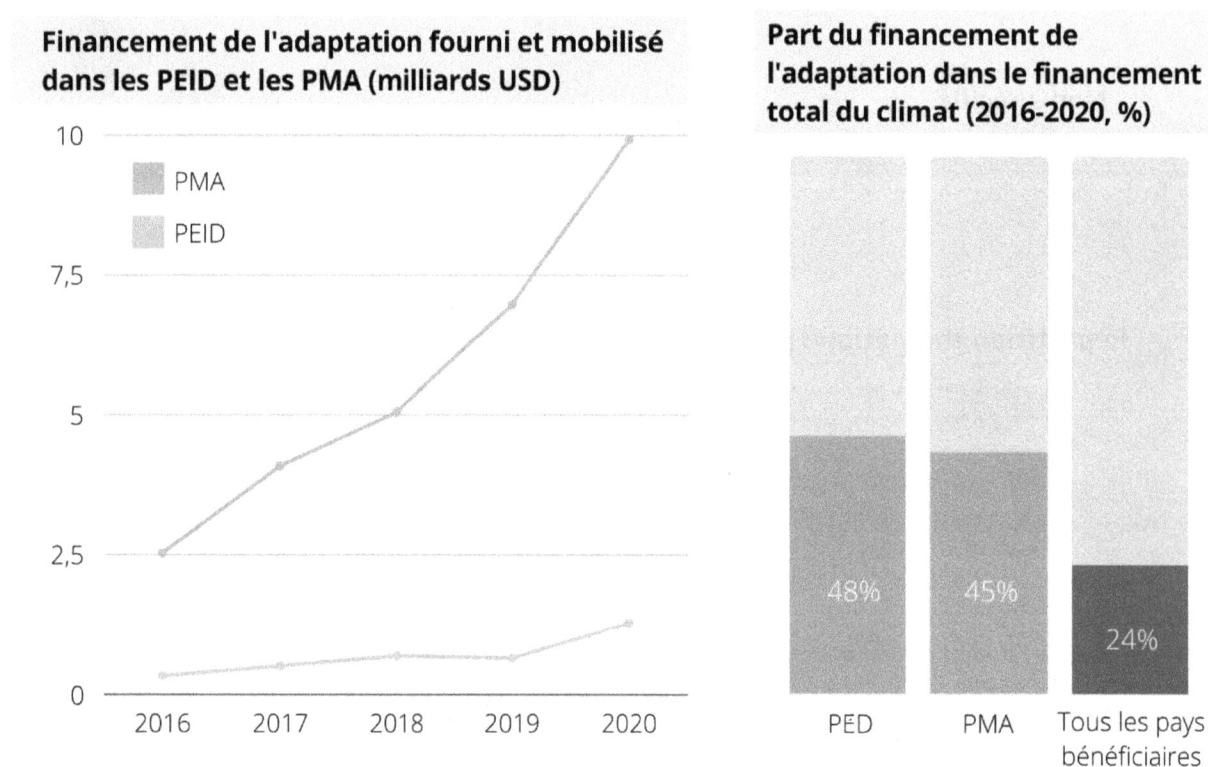

Financement de l'adaptation fourni et mobilisé dans les PEID et les PMA (milliards USD)

Part du financement de l'adaptation dans le financement total du climat (2016-2020, %)

Note : Les PEID et les PMA sont énumérés à l'annexe B.
Source : Sur la base des rapports biennaux à la CCNUCC, des statistiques du CAD de l'OCDE et du Groupe sur les crédits à l'exportation, et des montants faisant l'objet d'une notification supplémentaire à l'OCDE.

Par habitant, les PEID ont bénéficié d'une médiane annuelle par habitant de 33 USD pour l'adaptation, soit près de quatre fois la médiane annuelle pour l'adaptation par habitant dans tous les pays en développement (9 USD). En revanche, les PMA ont bénéficié de 8 USD par habitant.

En valeur absolue, les financements à l'appui de l'adaptation fournis et mobilisés dans les PEID et les PMA ont augmenté régulièrement au cours des cinq années considérées. Toutefois, le financement de l'adaptation destiné aux PEID et aux PMA était relativement concentré dans un petit nombre de pays.

---

[6] Ces deux groupes de pays se recoupant, ces chiffres ne peuvent pas être additionnés. Une liste complète des PEID et des PMA figure à l'Annexe B.

Entre 2016 et 2020, plus de 40 % du financement total de l'adaptation destiné aux PMA n'ont été dirigés que vers 5 des 45 pays les moins avancés. De même, 39 % du financement de l'adaptation destiné aux PEID ont été dirigés vers 5 des 40 PEID.

Les financements publics ont représenté l'écrasante majorité (98 % et 93 %) du financement total de l'adaptation fourni et mobilisé dans les PEID et les PMA. La part des financements climatiques privés mobilisés est restée extrêmement faible (2 % en moyenne), tandis que celle des crédits à l'exportation était proche de zéro. L'année 2020 constitue une exception, puisque 10 % des financements à l'appui de l'adaptation destinés aux PMA proviennent du volet privé mobilisé. Cela est toutefois presque entièrement dû au projet d'infrastructure à grande échelle mené dans un PMA, comme indiqué précédemment.

Financement de l'atténuation dans les pays fortement émetteurs

Les niveaux et la composition des émissions nationales de GES varient considérablement d'un pays en développement à l'autre, et les grands émetteurs tendent à attirer une part plus importante du financement climatique à l'appui des activités d'atténuation. Les 10 pays en développement affichant le niveau global d'émissions d'équivalent CO_2 le plus élevé en 2016-2019 (ci-après les « 10 premiers émetteurs »)[7], et qui représentaient 68 % des émissions totales d'équivalent CO_2 des pays en développement en 2016-2019, ont bénéficié de 25 % du financement total de l'atténuation fourni et mobilisé sur la période 2016-2020. À l'inverse, les 50 pays en développement qui émettent le moins d'équivalent CO_2, soit 1 % du total des émissions de ces pays, n'ont bénéficié que de 3 % du financement total de l'atténuation fourni et mobilisé en 2016-20 (Graphique 4).

L'examen des valeurs médianes des financements à l'appui de l'atténuation fournis et mobilisés par habitant offre un point de vue différent qui nuance le tableau : la médiane annuelle du financement climatique par habitant fourni et mobilisé dans les dix premiers pays en développement émetteurs était de 3 USD par habitant sur la période 2016-2020, contre 17 USD par habitant dans les 50 pays les moins émetteurs.

En 2016-2020, seuls 3 % des financements climatiques ont été fournis et mobilisés pour les dix pays en développement affichant la croissance des émissions d'équivalent CO_2 la plus rapide (en valeur absolue) sur la période 1990-2020. Toutefois, la plupart de ces émetteurs à croissance rapide sont des PEID dont la population est très restreinte, ce qui explique également que le montant médian par habitant des financements à l'appui de l'atténuation fournis et mobilisés dans ces pays soit nettement supérieur à la moyenne, soit 48 USD sur la période 2016-20.

---

[7] Les données sur les émissions d'équivalent CO_2 proviennent de l'ensemble de données CAIT (Climate Watch, 2022[69]). Les données relatives aux émissions d'équivalent CO_2 du CAIT ne sont disponibles que pour la période 1990-2019. Les dix premiers pays en développement émetteurs sont les dix premiers pays bénéficiaires affichant la moyenne des émissions d'équivalent CO_2 la plus élevée sur la période 2016-19. Les dix pays en développement qui enregistrent la croissance la plus rapide sont les dix premiers pays destinataires dont les émissions ont le plus varié entre 1990 et 2019.

Graphique 4. Financement de l'atténuation fourni et mobilisé dans les différents pays en 2016-2020 (%)

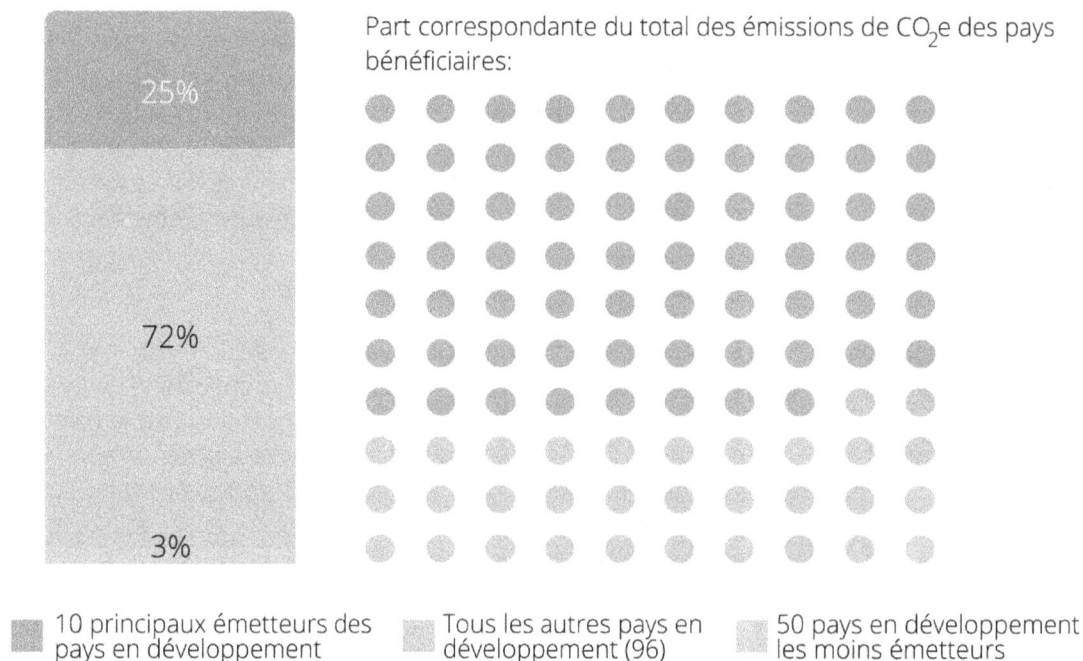

Part correspondante du total des émissions de CO_2e des pays bénéficiaires:

25%

72%

3%

▉ 10 principaux émetteurs des pays en développement
▉ Tous les autres pays en développement (96)
▉ 50 pays en développement les moins émetteurs

Note : Chaque point représente 1 %. Ce graphique ne reflète pas pleinement les différences des pays en développement en termes de taille, de population et d'autres conditions socio-économiques.
Source : Sur la base des rapports biennaux à la CCNUCC, des statistiques du CAD de l'OCDE et du Groupe sur les crédits à l'exportation, et des montants faisant l'objet d'une notification supplémentaire à l'OCDE.

Enseignements tirés de l'analyse détaillée du financement de l'adaptation et de l'atténuation

Comme on l'a vu dans (OCDE, 2022[5]) et expliqué en détail dans les sections précédentes, le financement climatique fourni et mobilisé par les pays développés était principalement axé sur l'atténuation. Si le financement de l'adaptation a augmenté en termes absolus et relatifs, il reste principalement alimenté par le secteur public et cible principalement les pays à faible revenu et les plus vulnérables. Cette section présente les explications possibles de ces tendances observées.

Le financement climatique fourni et mobilisé a été principalement axé sur l'atténuation

Il est difficile de fournir une explication complète des tendances de la répartition thématique du financement climatique fourni et mobilisé par les pays développés, en raison de la complexité de l'architecture financière internationale, ainsi que de l'impact des grands projets individuels et des méthodes de suivi du financement de l'adaptation et de l'atténuation. Cependant, jusqu'à présent, les fournisseurs ont peut-être été davantage incités à donner la priorité au financement climatique pour les activités d'atténuation.

Premièrement, la perspective de viabilité financière et de rendement, qui sont plus faciles à atteindre dans les projets d'atténuation que dans les projets d'adaptation, incite les parties prenantes publiques et privées à investir. Les activités d'atténuation consistent souvent en des projets d'infrastructure dans les domaines de la production d'énergie (par exemple, construction de centrales électriques) et des transports (par exemple, construction de lignes de métro, de voies ferrées), qui sont souvent associés à un flux de recettes et génèrent ainsi des flux de trésorerie suffisants pour récupérer l'investissement initial et générer des rendements (Tableau 1). Si le financement de l'adaptation peut soutenir de grands projets d'infrastructure (par exemple, digues, routes surélevées et voies ferrées), de nombreuses activités d'adaptation ont tendance à se concentrer sur le renforcement des capacités ou l'assistance technique qui n'ont qu'un rendement financier limité, voire nul. En outre, il existe une incitation à soutenir des projets « prêts à démarrer » (c'est-à-dire des projets à des stades avancés de développement), qui sont souvent liés à l'atténuation. À l'inverse, les projets plus axés sur la planification, la communication ou l'engagement, qui relèvent souvent des activités d'adaptation, sont moins encouragés (Moser et al., 2019[7]).

Tableau 1. Exemples d'activités d'atténuation et d'adaptation

Thème climatique	Description du projet	Flux de recettes disponibles au profit du bailleur de fonds ?
Atténuation	Conception, construction et exploitation d'une centrale photovoltaïque (PV) de 33 MW et d'une ligne de transmission de 33 kV sur 2.8 km.	Oui
	Construction d'une ligne de métro de 23 km et achat d'un parc d'environ 80 voitures de métro.	Oui
	Mise en place d'un système régional intégré de gestion des déchets solides comprenant la collecte, le transfert et le traitement à l'aide d'une technologie avancée de valorisation énergétique des déchets	Oui
Adaptation	Construction de citernes pour la collecte, le stockage et la distribution de l'eau.	Potentiellement
	Amélioration des plans existants de gestion de la réduction des risques de catastrophe aux niveaux régional, national et local.	Non
	Contribution à l'amélioration de la résilience des petits producteurs agricoles au changement climatique en fournissant des crédits et une assistance technique de base	Oui

Note : Les auteurs ont sélectionné ces exemples pour donner un aperçu non exhaustif des activités communes liées à l'adaptation et à l'atténuation soutenues par le financement climatique. Ce tableau doit être lu dans le contexte plus large du chapitre.
Source : Sur la base des rapports biennaux à la CCNUCC, des statistiques du CAD de l'OCDE et du Groupe sur les crédits à l'exportation, et des montants faisant l'objet d'une notification supplémentaire à l'OCDE.

Deuxièmement, l'importance accordée au fil des ans à l'atténuation dans le contexte de l'action climatique offre des incitations plus fortes en matière de planification et de gouvernance publique pour les projets d'atténuation que pour les projets d'adaptation. Si l'urgence et l'importance de l'adaptation au changement climatique ont pris de l'ampleur au cours de la dernière décennie, l'atténuation occupait auparavant une place plus importante dans les politiques climatiques nationales et internationales. Cela tient aussi en partie au fait que pour atténuer le changement climatique à l'échelle mondiale, un effort collectif de chaque pays est nécessaire. L'adaptation, en revanche, dépend du contexte propre à chaque pays et, pour l'essentiel, les mesures d'adaptation sont prises individuellement et indépendamment les unes des autres. De fait, dans le cadre de l'Accord de Paris, les pays « doivent mettre en œuvre des mesures d'atténuation nationales », mais aucune exigence similaire n'est prévue pour les mesures d'adaptation (CCNUCC, 2015[8]).

En outre, les actions et les objectifs nécessaires pour atténuer le changement climatique sont plus facilement identifiables (par exemple, parvenir à la neutralité carbone). En revanche, la disponibilité d'évaluations d'impact au niveau des pays pour constituer une base convenue sur laquelle concevoir des mesures d'adaptation est plus limitée. De ce fait, de nombreux pays en développement peuvent avoir mis en place des cadres de planification et de financement plus solides pour les activités liées à l'atténuation (réglementation de l'efficacité énergétique ou des énergies renouvelables, incitations fiscales, etc.).

Enfin, les responsables de l'action publique et les fournisseurs de financement climatique peuvent être incités à donner la priorité à la mise en œuvre d'activités pouvant manifestement contribuer aux objectifs de l'Accord de Paris. Dans ce contexte, les impacts des projets d'atténuation peuvent être plus facilement mesurés et quantifiés (par exemple en termes de réduction des émissions) et évalués par rapport aux objectifs quantitatifs nationaux de réduction des émissions, par exemple ceux inclus dans les CDN des pays. En revanche, il est plus difficile de définir des projets et des activités d'adaptation fructueux et efficaces, et d'évaluer leur contribution à la réalisation des objectifs nationaux d'adaptation (voir le dernier chapitre).

Le financement de l'atténuation et de l'adaptation cible quatre secteurs économiques

Plus de la moitié (63 %) du total du financement climatique fourni et mobilisé se concentre dans quatre secteurs économiques : énergie, transports, eau et assainissement, et agriculture, foresterie et pêche, les financements à l'appui de l'atténuation étant axés sur les deux premiers, et les financements à l'appui de l'adaptation sur les deux derniers. Tous ces secteurs sont souvent inclus dans les CDN ou les stratégies de développement à long terme des pays bénéficiaires, et offrent des possibilités de projets liés aux infrastructures, offrant ainsi une destination attrayante pour les investissements.

La répartition sectorielle des financements à l'appui de l'atténuation et de l'adaptation fournis et mobilisés en 2016-2020 reflète globalement les secteurs prioritaires identifiés en termes qualitatifs dans le rapport du Comité permanent du financement de la CCNUCC sur la « détermination des besoins des pays en développement Parties en lien avec la mise en œuvre de la Convention et de l'Accord de Paris » (ci-après le « Rapport de détermination des besoins de la CCNUCC ») (CCNUCC CPF, 2021[9]). Selon les conclusions du rapport, la plupart des besoins de financement de l'atténuation concernent l'énergie ; l'utilisation des terres et la foresterie ; les transports ; l'agriculture ; et les déchets et l'assainissement. Pour le financement de l'adaptation, les besoins concernent principalement l'agriculture et l'eau. Une étude plus récente du secteur privé sur les informations communiquées par les pays en développement dans le cadre de leurs CDN aboutit à des conclusions similaires (Clima Capital Partners LLC et Aviva Investors, 2022[10]). D'après ses conclusions, les CDN des pays en développement font de la production d'énergie, des transports, de l'industrie et des industries extractives les secteurs les plus cités où le financement de l'atténuation est nécessaire. Ces deux rapports se heurtent à des limites et des difficultés en termes de couverture et de méthodologies utilisées pour évaluer et définir les besoins des pays en développement.[8] Ils donnent néanmoins une idée générale des secteurs dans lesquels le financement de l'adaptation et de l'atténuation pourrait être le plus nécessaire au cours des prochaines années.

La tendance à la hausse du financement de l'atténuation fourni et mobilisé pour l'agriculture, la foresterie et la pêche concerne des secteurs qui sont également importants pour la réduction des émissions de GES. Selon le GIEC, le secteur de l'agriculture, de la foresterie et des autres affectations des terres (AFAT) peut jouer un rôle essentiel dans la réalisation de réductions des émissions conformes à l'objectif de température de l'Accord de Paris (GIEC, 2022[11]). Plusieurs pays en développement qui se sont fixé un objectif de neutralité carbone ou climatique incluent l'AFAT dans leurs engagements, et au moins 86 pays en développement ont adhéré à l'Engagement mondial pour le méthane (qui, outre l'énergie et les déchets, cible l'agriculture)[9] (Climate Action Tracker, 2022[12] ; Global Methane Pledge, 2022[13]). Le financement de l'atténuation dans l'agriculture, la foresterie et la pêche est axé sur des projets concernant la production animale, le reboisement et les cultures durables. Un soutien dans ces domaines peut aider les pays en développement à pallier l'insuffisance des investissements nécessaires pour parvenir à réduire les émissions dans les AFAT.

---

[8] Les difficultés et les limites mentionnées dans les deux études sont les suivantes : (a) des incohérences entre les pays dans la définition des « besoins » ; (b) des incohérences entre les pays dans les méthodologies utilisées pour identifier et estimer les besoins ; (c) des incohérences entre les pays dans les définitions sectorielles et la classification sectorielle qui en découle des besoins identifiés ; et (d) des lacunes dans la couverture des informations, car un certain nombre de pays en développement n'ont pas communiqué d'informations sur les besoins (CCNUCC CPF, 2021[9] ; Clima Capital Partners LLC et Aviva Investors, 2022[10]).

[9] Les participants à l'Engagement s'engagent à déployer un effort collectif pour réduire les émissions mondiales de méthane d'au moins 30 % d'ici à 2030 par rapport aux niveaux de 2020 (Global Methane Pledge, 2022[13]).

En revanche, de nombreuses activités d'adaptation peuvent ne pas être clairement classées dans une catégorie sectorielle définie, comme en témoigne la répartition sectorielle diversifiée du financement de l'adaptation. L'eau et l'assainissement ainsi que l'agriculture, la foresterie et la pêche attirent une part plus importante du soutien, probablement en raison de leur vulnérabilité aux effets du changement climatique. L'agriculture, en particulier, est l'un des secteurs les plus exposés aux effets du changement climatique, et la plupart des financements à l'appui de l'adaptation destinés à l'agriculture soutiennent des projets visant à améliorer la résilience des cultures, par exemple en finançant des programmes d'irrigation ou des programmes de renforcement des capacités en matière de gestion intégrée de la fertilité des sols. En outre, l'eau et l'assainissement et l'agriculture, la foresterie et la pêche offrent en moyenne un meilleur retour sur investissement que d'autres activités d'adaptation.

Dans le même temps, la tendance croissante du soutien aux secteurs sociaux tels que l'éducation, la santé et les politiques démographiques concerne des secteurs essentiels au renforcement de la résilience et des capacités d'adaptation à long terme, dans la mesure où ils s'attaquent aux conditions contextuelles qui rendent les pays plus vulnérables au changement climatique (Atteridge, Verkuijl et Dzebo, 2019[14]). Les types d'activités soutenues dans ces secteurs comprennent, par exemple, des bourses d'études supérieures dans des matières en rapport avec l'action climatique, des programmes visant à sensibiliser les citoyens au problème du changement climatique, ou l'achat de matériel médical pour traiter des problèmes de santé exacerbés par le changement climatique. De même, la tendance croissante du financement de l'adaptation dans le secteur de la préparation aux risques découle en particulier du soutien croissant apporté aux projets visant à mettre en place ou à renforcer des systèmes d'alerte précoce, qui sont essentiels pour aider les pays en développement à éviter ou à réduire les dommages causés par les aléas climatiques.

Les méthodologies utilisées pour suivre le financement climatique influent sur la répartition thématique du financement climatique fourni et mobilisé

L'évolution de la répartition thématique du financement climatique fourni et mobilisé repose sur les déclarations officielles au niveau des activités et reflète donc les meilleures données disponibles. Dans ce contexte, toutefois, la répartition thématique du financement climatique au cours d'une année donnée et ses variations d'une année sur l'autre peuvent être fortement influencées par les méthodologies utilisées par les différents fournisseurs de financement climatique pour identifier les financements spécifiques à l'atténuation et à l'adaptation ainsi que les financements destinés à des activités transversales, et par les modifications éventuelles de ces méthodologies.

Plusieurs activités soutenues par le financement climatique fourni et mobilisé ciblent à la fois l'atténuation du changement climatique et l'adaptation à ses effets. Lorsque les fournisseurs ne sont pas en mesure de séparer les deux composantes, le projet est qualifié de « transversal ». Toutefois, les fournisseurs bilatéraux s'efforcent de plus en plus d'estimer les montants des projets transversaux axés sur l'atténuation et l'adaptation en utilisant des coefficients, et notifient les montants qui en résultent comme deux lignes distinctes d'un même projet.[10] Les pays donneurs, ainsi que les institutions multilatérales, utilisent différentes méthodologies pour estimer le financement spécifique à l'atténuation et à l'adaptation, et pour déterminer quelle part d'une contribution cible l'adaptation plutôt que l'atténuation. En particulier, si certains pays déterminent la part d'une contribution ciblant l'adaptation au cas par cas, la plupart des donneurs utilisent des coefficients normalisés pour estimer la part d'une contribution ciblant

---

[10] Par exemple, un fournisseur peut conclure que 95 % d'un don de 100 000 USD contribuent à l'atténuation du changement climatique, tandis que les 5 % restants contribuent aux objectifs d'adaptation. Par conséquent, le don est notifié sur deux lignes distinctes : 5 000 USD de financement à l'appui de l'adaptation et 95 000 USD de financement à l'appui de l'atténuation.

spécifiquement l'adaptation ou l'atténuation. Cette question est examinée plus en détail à l'annexe C et est décrite plus en détail dans (OCDE, 2022[15]).

Les méthodologies utilisées par les fournisseurs pour suivre les activités de financement de l'adaptation et estimer leur composante propre à l'adaptation (utilisation de coefficients, par exemple) peuvent avoir une incidence sur le volume et la part représentés par le financement de l'adaptation. De nombreuses activités d'adaptation relevant des secteurs de l'eau et de l'assainissement ; de l'agriculture, de la foresterie et de la pêche ; de l'énergie et des transports font partie de projets d'atténuation plus vastes et liés aux infrastructures. C'est le cas des projets d'atténuation qui intègrent des considérations relatives aux activités visant à améliorer la résilience ou l'adaptation au changement climatique. Par exemple, une activité d'atténuation impliquant la construction d'une ligne de métro peut inclure un volet d'adaptation qui consiste à rendre l'infrastructure résiliente aux inondations. En fonction des méthodologies utilisées par les fournisseurs pour estimer la valeur de cette composante d'adaptation, la valeur de cette composante variera considérablement.

Enfin, la baisse de la part des financements à l'appui de l'adaptation peut aussi être liée aux difficultés rencontrées pour suivre les financements à l'appui de l'adaptation, principalement en raison de l'absence de définition précise de ce qui pourrait constituer une adaptation, ainsi que de son caractère transversal. Ces défis sont particulièrement importants dans le contexte du financement privé mobilisé, où les activités visant à améliorer la résilience au changement climatique sont rarement isolées, mais plutôt intégrées dans les activités normales des entreprises et les activités de développement, et donc souvent non notifiées séparément (Brown et al., 2015[16]). Des efforts accrus visant à mieux identifier les composantes de l'investissement privé liées à l'adaptation peuvent jouer un rôle important dans l'amélioration du suivi des financements privés mobilisés pour l'adaptation.

Le financement de l'adaptation représentait une part plus importante dans les pays vulnérables et/ou pauvres

Le GIEC définit la vulnérabilité comme « la mesure dans laquelle un système est sensible, ou incapable de faire face, aux effets défavorables des changements climatiques » (GIEC, 2022). Dans la pratique, certains pays sont plus vulnérables que d'autres aux effets du changement climatique en raison de leur situation géographique et de leur situation socioéconomique. Les PEID, les PMA et les PFR comptent parmi les pays les plus vulnérables aux effets néfastes du changement climatique. Pour les PEID, cela est dû à leur taille, leur éloignement et leur exposition aux risques naturels ; pour les PMA et les PFR, c'est parce qu'ils sont parmi les moins à même de se relever des tensions climatiques et que leur croissance économique dépend fortement de secteurs vulnérables aux effets du changement climatique. En outre, ces groupes de pays sont confrontés à des contraintes considérables en termes de capacité et de capacité à mobiliser des ressources intérieures et à accéder aux marchés financiers. Dans ces pays, des parts plus importantes du financement de l'adaptation sont nécessaires pour soutenir non seulement les projets d'infrastructure qui les aident à améliorer leur résilience face aux aléas et aux risques liés au climat, mais aussi les activités de renforcement des capacités qui peuvent aussi fortement contribuer à leur développement socio-économique à long terme.

Dans le même temps, il est important de veiller à ce que ces pays vulnérables et à faible revenu ne soient pas privés de financements pour les infrastructures et l'atténuation. À l'heure actuelle, l'élargissement de l'accès au financement climatique pour les projets de grande envergure pourrait se révéler difficile pour les pays les plus pauvres et les plus vulnérables. Par exemple, des données factuelles montrent que les PEID et les PMA rencontrent des difficultés pour accéder aux financements des fonds climatiques multilatéraux en raison de la complexité des processus de demande, pour lesquels il existe un manque de capacités techniques (OCDE, 2018[17] ; Garschagen et Doshi, 2022[18] ; Caldwell et Larsen, 2021[19]). L'analyse des données montre qu'au niveau agrégé, les groupes vulnérables de pays reçoivent une part plus importante de financements à l'adaptation. Cependant, les publications existantes (Doshi et

Garschagen, 2020[20]) et les analyses quantitatives menées dans le cadre de ce rapport montrent qu'il n'existe pas de lien systématique ni de corrélation entre le niveau de vulnérabilité estimé au niveau des pays (tel que défini par certains indices de vulnérabilité) et le montant ou la part du financement de l'adaptation au changement climatique reçu ou mobilisé (voir Encadré 1).

Plusieurs autres facteurs peuvent en revanche jouer un rôle, du point de vue des donneurs, dans la manière dont le financement est fourni ou mobilisé dans différentes régions. Il peut s'agir de relations historiques ou commerciales avec le pays donneur, ou du niveau d'ambition déclaré du pays bénéficiaire en matière de CDN et/ou d'autres priorités politiques (Doshi et Garschagen, 2020[20] ; Saunders, 2019[21]). Certaines études mettent en évidence la capacité institutionnelle et réglementaire perçue des pays bénéficiaires à absorber et utiliser efficacement les fonds, qui est un facteur clé de leur capacité à attirer des financements climatiques (Barrett, 2014[22] ; Doshi et Garschagen, 2020[20]).

En d'autres termes, il peut y avoir un biais implicite en faveur des activités de soutien dans les pays qui peuvent présenter de meilleures propositions de projets qui offrent des rendements plus sûrs et qui ont une longue expérience de la gestion des financements. Toutefois, il est souvent difficile pour les pays les plus vulnérables et à faible revenu de faire la preuve de leurs capacités de gestion des fonds et de leur expérience de la mise en œuvre de projets au niveau national. Le sous-développement relatif des marchés financiers locaux et la capacité limitée de ces pays à obtenir et rembourser des prêts constituent un autre obstacle qui peut les empêcher d'accéder à des volumes de financement plus importants. L'assistance financière et technique aux projets et le développement des marchés financiers locaux sur les marchés frontières peuvent donc avoir un impact important sur le développement, en créant les conditions d'une aide au développement future et de la participation du secteur privé à l'avenir.

Encadré 1. Niveau de vulnérabilité des pays et financement de l'adaptation fourni et mobilisé

Une analyse quantitative a été menée pour évaluer la relation entre le niveau de vulnérabilité des pays bénéficiaires et les montants de financement de l'adaptation fournis ou mobilisés dans ce pays, et a conclu à l'absence de lien ou de corrélation entre les deux (Graphique 5). Le niveau de vulnérabilité des pays bénéficiaires a été analysé à partir de deux indices de substitution : l'Indice mondial d'adaptation de Notre-Dame (ND-GAIN) et l'Indice de vulnérabilité physique au changement climatique (PVCCI) (Chen et al., 2015[23] ; Feindouno, Guillaumont et Simonet, 2020[24]). Ces deux indices donnent une indication du niveau de vulnérabilité au niveau des pays, même s'ils présentent tous deux certaines limites. Mesurer le niveau de vulnérabilité d'un pays est intrinsèquement difficile en raison du caractère général du concept de vulnérabilité lui-même, qui n'offre pas de définition précise. En outre, il est difficile de définir un indice unique permettant de rendre compte des diverses manifestations du changement climatique et de ses effets sur un pays. Par conséquent, la plupart des indices de vulnérabilité, dont le ND-GAIN et le PVCCI, sont composés d'ensembles de sous-indicateurs qui rendent compte de différents aspects de la vulnérabilité (Chen et al., 2015[23] ; Feindouno, Guillaumont et Simonet, 2020[24]). Dans le contexte de cette analyse, la variation significative des classements des pays entre les deux indices utilisés implique que leur valeur dépend largement de la sélection des sous-indicateurs utilisés pour chaque indice et des données utilisées pour leur estimation (Feindouno et Guillaumont, 2019[25]). Dans le même temps, la vulnérabilité est le plus souvent fonction du contexte et du lieu, et il existe des différences importantes au sein des pays en termes d'exposition aux risques liés au climat, et de fréquence et d'intensité de ces risques (OCDE, à paraître[26]). Pourtant, le niveau de ventilation de l'ensemble de données utilisé pour ce rapport ne permettait pas d'analyser quels groupes ou communautés sont concernés par le financement de l'adaptation au sein des pays.

Graphique 5. Part de l'adaptation dans le financement climatique total fourni et mobilisé, par niveau de vulnérabilité (par pays bénéficiaire)

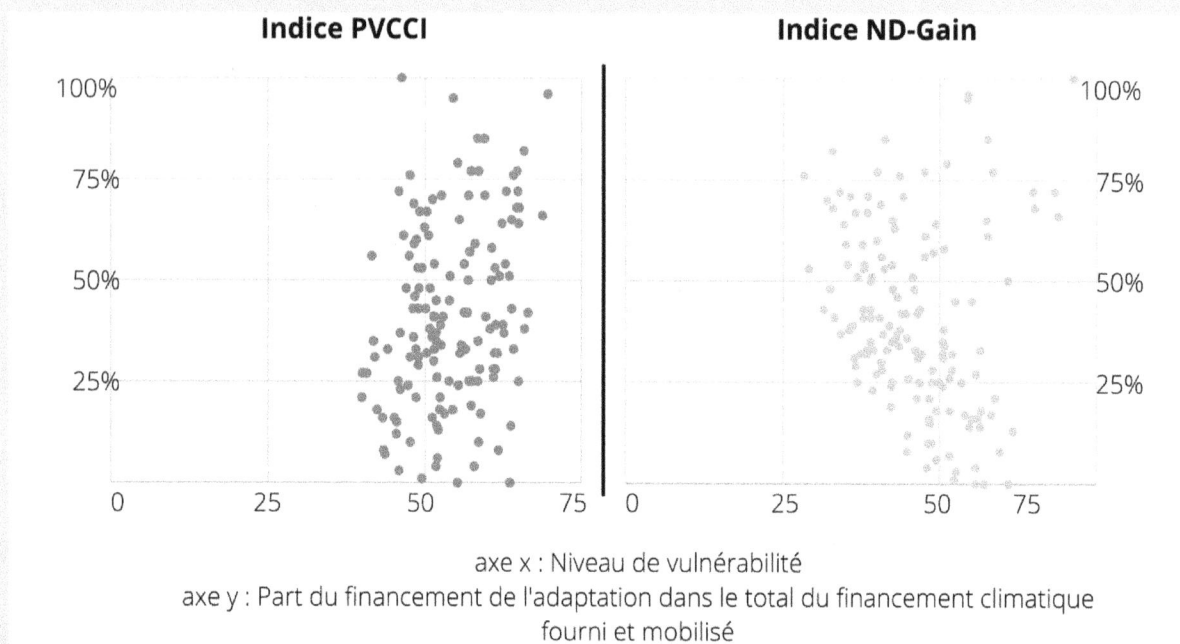

axe x : Niveau de vulnérabilité
axe y : Part du financement de l'adaptation dans le total du financement climatique fourni et mobilisé

Source : Auteurs.

Financement climatique public fourni : analyse par instrument financier

Ce chapitre est consacré au financement climatique public fourni par les fournisseurs bilatéraux et multilatéraux sur la base des trois grandes catégories d'instruments financiers que sont les prêts, les dons et les prises de participation. Ce chapitre présente des éclairages et des analyses ventilées par type de fournisseur, thème climatique, secteur et en fonction des caractéristiques et groupes de pays bénéficiaires.

En 2020, le financement climatique public total fourni par les pays développés s'est élevé à 68.1 milliards USD, soit 82 % du financement climatique total de la même année (OCDE, 2022[5]). Sur ce total, 48.6 milliards USD (71 %) ont pris la forme de prêts, 17.9 milliards USD (26 %) celle de dons et 1.6 milliard USD (2 %) celle de prises de participation. En 2016, le financement public à l'appui du climat a représenté au total 46.4 milliards USD (soit 79 % du total de ces financements la même année), dont 33.3 milliards USD sous forme de prêts, 12.3 milliards USD sous forme de dons et 0.8 milliard USD sous forme de prises de participation (OCDE, 2022[5]).11 Entre 2016 et 2020, si les volumes de chaque instrument ont augmenté, leurs parts respectives dans le financement climatique public total fourni sont restées stables.

Les instruments de financement public (prises de participation, dons, prêts) analysés dans le présent chapitre sous-tendent les mécanismes financiers utilisés par les fournisseurs de financement public pour mobiliser des financements privés, ainsi qu'il est expliqué dans le chapitre suivant. Les seules exceptions sont les garanties et les assurances, qui ne sont pas prises en compte dans les chiffres et l'analyse du financement climatique public fourni, mais sont plutôt prises en compte dans le volet de l'analyse consacré au financement privé mobilisé (voir Annex A).

Répartition des instruments financiers entre financements publics bilatéraux et multilatéraux

Les prêts ont représenté la plus grande part de la répartition des instruments financiers dans le financement public bilatéral et multilatéral en 2016-2020, représentant 59 % du financement climatique public bilatéral total fourni et 84 % du financement public multilatéral total fourni (voir Graphique 6). Ces parts sont restées relativement stables parmi les fournisseurs bilatéraux et multilatéraux sur la période de cinq ans. Les prises de participation sont restées marginales dans les secteurs publics bilatéraux et multilatéraux, représentant 2 % dans chacun d'eux.

Graphique 6. Répartition par instrument du financement climatique public fourni par type de fournisseur sur la période 2016-2020 (%)

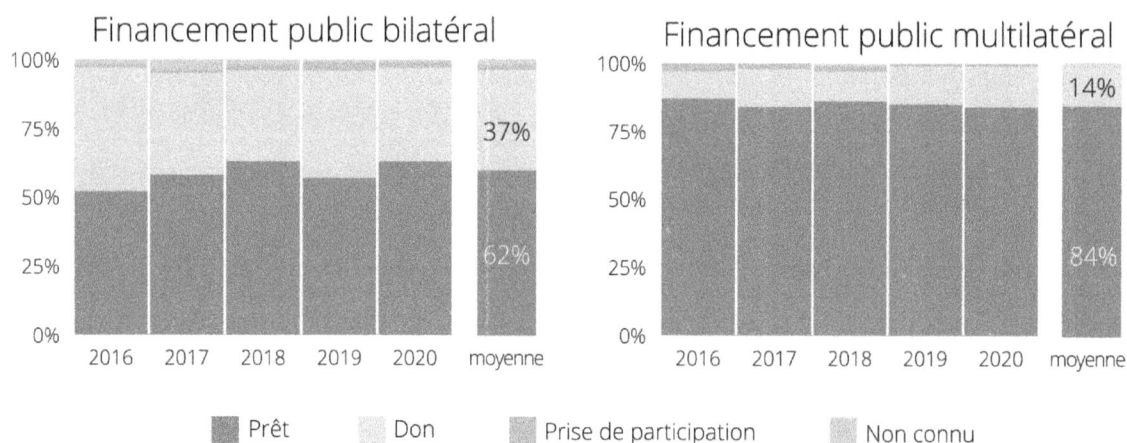

Note : Les garanties publiques ne sont pas prises en compte en tant que financement public, mais sont plutôt prises en compte dans l'analyse des financements privés mobilisés, qui est présentée dans d'autres graphiques et sections de ce rapport.

Note : Les chiffres étant arrondis, les totaux ne correspondent pas nécessairement à la somme de leurs composantes.

Source : Sur la base des rapports biennaux à la CCNUCC, des statistiques du CAD de l'OCDE, et des montants faisant l'objet d'une notification supplémentaire à l'OCDE.

Parmi les fournisseurs multilatéraux, la répartition des instruments varie considérablement entre les BMD et les fonds climatiques, principalement en raison de la diversité des mandats et des modèles de fonctionnement de ces deux types d'institutions multilatérales (voir page 32). La majeure partie (91 %) du financement climatique fourni par le biais des BMD a pris la forme de prêts. En revanche, la majorité des financements climatiques fournis par le biais des fonds climatiques l'ont été sous la forme de dons (56 %). Comme on le verra plus loin dans ce chapitre, une distinction similaire pourrait être établie au sein du financement climatique public bilatéral, entre les institutions de financement du développement et les organismes d'aide.

Il est important de noter que les prêts publics à l'appui du financement climatique peuvent être concessionnels ou non, en fonction du contexte national, ainsi que des caractéristiques des bénéficiaires et des projets. Encadré 2 souligne que la part des prêts concessionnels et non concessionnels varie considérablement entre les différentes composantes du financement climatique, tout en mettant en évidence les différences de définition entre fournisseurs bilatéraux et multilatéraux en ce qui concerne la concessionnalité.

Encadré 2. Prêts concessionnels et non concessionnels

Un prêt concessionnel est accordé à un emprunteur à des conditions plus favorables que celles qui sont offertes sur le marché. Ces conditions préférentielles peuvent inclure des taux d'intérêt inférieurs à ceux du marché, des délais de grâce prolongés, ou une combinaison des deux. La concessionnalité compte pour beaucoup dans le financement du développement. Cependant, les membres du CAD, d'une part, et les institutions multilatérales, d'autre part, définissent différemment le caractère concessionnel, sur lequel repose la notification des prêts concessionnels et des prêts non concessionnels.

Pour les membres du CAD, la concessionnalité est un critère essentiel d'éligibilité à l'APD ; seuls les prêts concessionnels sont actuellement inclus dans l'APD. Les éléments de libéralité sont calculés à partir de cinq éléments : le taux d'intérêt, le différé d'amortissement, l'échéance, le type de calendrier de remboursement et le taux d'actualisation, ce dernier étant différencié selon le groupe de revenu du CAD. Par conséquent, pour que les prêts souverains soient concessionnels, leur élément de libéralité[12] doit être d'au moins 45 % pour les PMA et les autres PFR, de 15 % pour les PRITI et de 10 % pour les PRITS et les institutions multilatérales. Actuellement, les prêts au secteur privé doivent comporter un élément de libéralité d'au moins 25 % pour être concessionnels (en utilisant un taux d'actualisation de 10 %). En outre, les modalités et conditions des prêts d'APD doivent être conformes à la politique du FMI relative aux plafonds d'endettement ou à la politique de la Banque mondiale en matière d'emprunts non concessionnels. En 2016-20, les trois quarts des prêts consentis par les pays donneurs étaient concessionnels (Graphique 7).

---

[12] Il est donné par la différence entre la valeur nominale du prêt et la valeur actualisée des règlements à la charge de l'emprunteur prévus pendant la durée du prêt au titre du service de la dette, exprimée en pourcentage de la valeur nominale du prêt.

Graphique 7. Prêts accordés au titre du financement climatique bilatéral, par niveau de concessionnalité, en 2016-2020 (%)

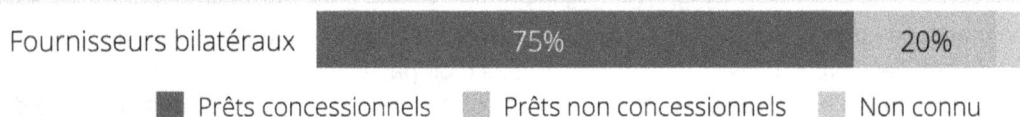

Fournisseurs bilatéraux	75%	20%

Prêts concessionnels   Prêts non concessionnels   Non connu

Source : Rapports biennaux établis à l'attention de la CCNUCC

Pour les prêts des BMD et des fonds climatiques multilatéraux, la concessionnalité se rapporte à leur capacité à accorder des crédits à des conditions financièrement viables, en fonction de leurs propres coûts de financement. Dans ce contexte, les institutions multilatérales ont besoin de dons extérieurs pour accorder des prêts concessionnels. D'un autre côté, les prêts non concessionnels sont financièrement viables du seul fait du faible coût de financement des organisations multilatérales et de leur statut de créancier privilégié. Des prêts multilatéraux non concessionnels peuvent donc être accordés à des conditions plus favorables que celles qui sont offertes aux conditions du marché. Le choix des BMD de recourir à des prêts concessionnels ou non concessionnels dépend du niveau de revenu du pays bénéficiaire ainsi que d'autres éléments pris en considération pour déterminer sa solvabilité et la viabilité de sa dette. En général, les PRI et les PRE ont accès à des prêts multilatéraux non concessionnels. En 2016-2020, 48 % et 23 % des prêts accordés respectivement par les fonds climatiques multilatéraux et les BMD étaient concessionnels (Graphique 8). En raison des différences de définition mentionnées ci-dessus, ces pourcentages ne sont pas comparables à ceux des fournisseurs bilatéraux.

Graphique 8. Prêts accordés au titre du financement climatique multilatéral par niveau de concessionnalité, en 2016-2017 (%)

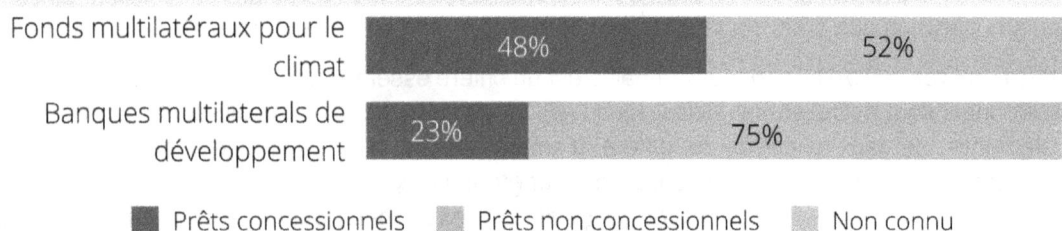

Fonds multilatéraux pour le climat	48%	52%
Banques multilaterals de développement	23%	75%

Prêts concessionnels   Prêts non concessionnels   Non connu

Source : sur la base des statistiques du CAD de l'OCDE, et des montants faisant l'objet d'une notification supplémentaire à l'OCDE.

Thème climatique des instruments financiers du financement climatique public

Dans le contexte du financement climatique public, entre 2016 et 2020, la majorité des dons sont allés au financement de l'adaptation (42 % de l'ensemble des dons) et d'activités transversales (25 % de l'ensemble des dons). En revanche, plus des deux tiers des prêts (71 %) et des prises de participation (89 %) ont soutenu des activités d'atténuation. Au cours de cette période, le volume des financements octroyés sous forme de prêts publics à des activités d'adaptation est passé de 5.1 milliards USD en 2016 à 17.1 milliards USD en 2020 (+240 %).

En revanche, pour ce qui est de l'atténuation, la part des prêts et des dons dans le financement public bilatéral et multilatéral est restée relativement stable au cours des cinq années considérées, représentant en moyenne 82 % et 14 % du financement public de l'atténuation, respectivement (Graphique 9).

Cependant, en valeur absolue, compte tenu de l'augmentation globale du financement public total de l'action climatique entre 2016 et 2020, les financements publics à l'appui de l'adaptation financés par des dons ont encore augmenté de 3.4 milliards USD.

Graphique 9. Thème climatique du financement climatique public fourni par instrument financier en 2016-2020 (%)

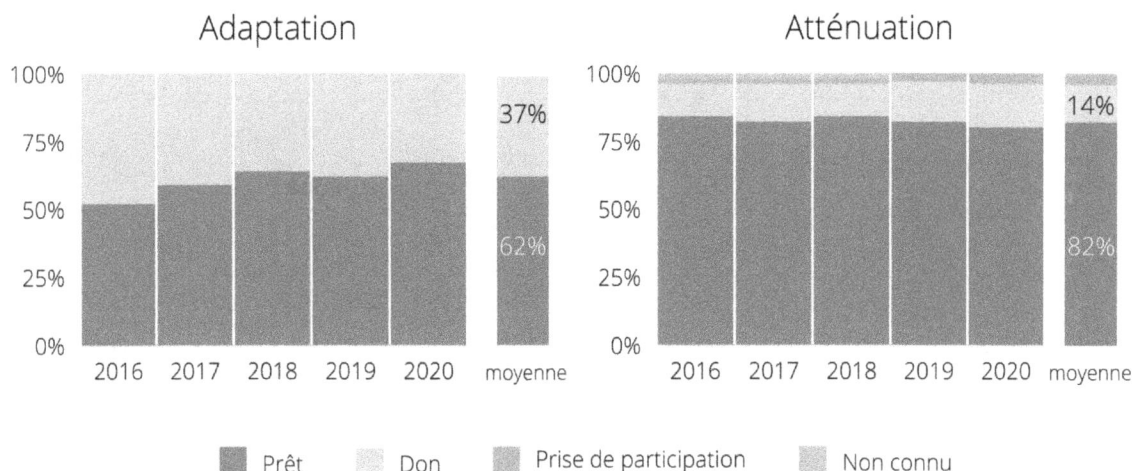

Note : Les garanties publiques ne sont pas prises en compte en tant que financement public, mais sont plutôt prises en compte dans l'analyse des financements privés mobilisés, qui est présentée dans d'autres graphiques et sections de ce rapport.
Source : Sur la base des rapports biennaux à la CCNUCC, des statistiques du CAD de l'OCDE, et des montants faisant l'objet d'une notification supplémentaire à l'OCDE.

La répartition sectorielle du financement public varie considérablement selon les instruments financiers. Plus de la moitié (52 %) des prêts ciblaient les secteurs de l'énergie, et des transports et du stockage. L'augmentation du financement public de l'adaptation en 2016-20 s'explique principalement par une augmentation des prêts en faveur de l'adaptation dans les secteurs de l'approvisionnement en eau et de l'assainissement, ainsi que des transports et du stockage. En revanche, les trois principaux secteurs soutenus par des subventions, qui représentaient ensemble 46 % de l'ensemble des subventions, étaient (dans l'ordre) l'agriculture, la foresterie et la pêche, l'énergie et la protection de l'environnement en général. S'agissant des prises de participation, 62 % ont été destinées aux secteurs de l'énergie et des services bancaires et financiers.

Répartition des instruments financiers entre les différentes catégories de pays bénéficiaires

La répartition par instrument du financement climatique public varie également considérablement selon les régions (Graphique 10). Les prêts ont représenté plus des trois quarts du total des financements climatiques publics en Asie (88 %), aux Amériques (81 %) et en Europe (79 %). En Afrique, ils représentaient 61 % du total, et en Océanie seulement 17 %. En termes relatifs, les dons ont représenté une part plus importante dans les régions comptant un nombre relativement élevé de pays pauvres ou plus vulnérables (Afrique, Océanie) que dans celles comptant un plus grand nombre de pays à revenu intermédiaire (Europe, Amériques).

Au niveau agrégé, plus le groupe de revenu est faible, plus la part des dons est élevée. Dans les PFR, les dons ont représenté 61 % du financement climatique public total fourni. En revanche, le financement public total fourni par les PRITI et les PRITS reposait principalement sur des prêts, qui représentaient respectivement 86 % et 87 % du financement climatique total fourni dans chaque groupe.

Graphique 10. Répartition des instruments du financement climatique public fourni selon les groupes de revenu et les régions des pays en développement 2016-2020

Répartition par instrument par régions de pays en développement (2016-2020, %)

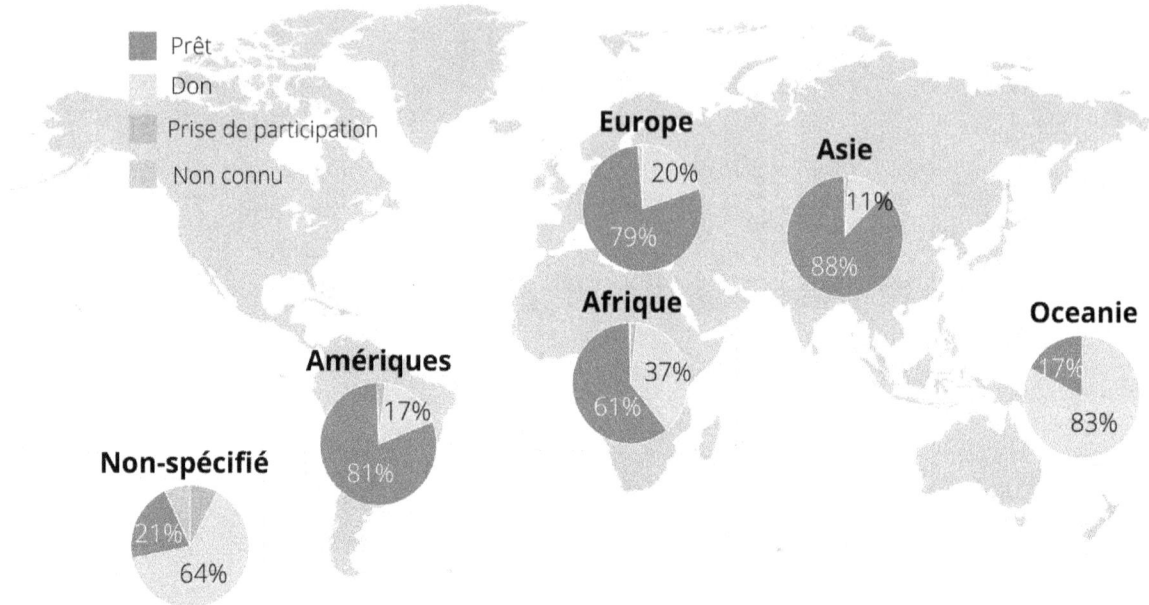

Prêt
Don
Prise de participation
Non connu

Europe
20%
79%

Asie
11%
88%

Afrique
37%
61%

Amériques
17%
81%

Oceanie
17%
83%

Non-spécifié
21%
64%

Ces régions ne couvrent que les pays en développement

Répartition par instrument par groupes de revenus (2016-2020, %)

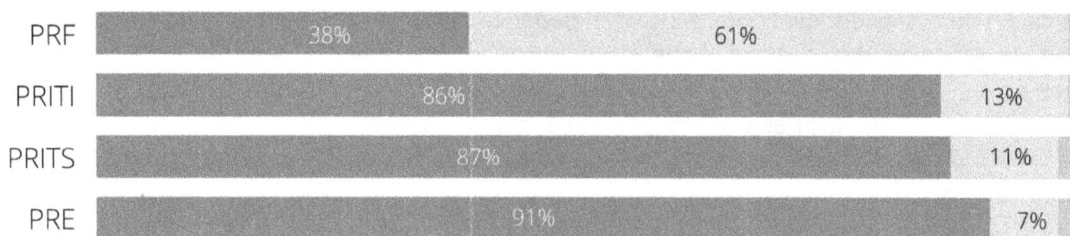

	Prêt	Don
PRF	38%	61%
PRITI	86%	13%
PRITS	87%	11%
PRE	91%	7%

Note : Les garanties publiques ne sont pas prises en compte en tant que financement public, mais sont plutôt prises en compte dans l'analyse des financements privés mobilisés, qui est présentée dans d'autres graphiques et sections de ce rapport. Ce graphique ne reflète pas pleinement les différences des pays en développement en termes de taille, de population et d'autres conditions socio-économiques. Les régions incluses ne couvrent que les pays en développement, tels que définis à l'annexe B. Ce graphique ne reflète pas pleinement les différences des pays en développement en termes de taille, de population et d'autres conditions socio-économiques.
Source : Sur la base des rapports biennaux à la CCNUCC, des statistiques du CAD de l'OCDE, et des montants faisant l'objet d'une notification supplémentaire à l'OCDE.

En moyenne, sur la période 2016-2020, la part du financement climatique fournie sous forme de dons était plus élevée dans les PEID et les PMA que dans l'ensemble des pays bénéficiaires. Dans les PEID, les dons représentaient 60 % et les prêts 40 % du financement climatique public total. Dans les PMA, les dons représentaient 62 % et les prêts 37 % (Graphique 11). Pour les PEID comme pour les PMA, la répartition des instruments est restée stable au cours des cinq années considérées. Les États fragiles [13] présentent un tableau similaire ; sur la période 2016-20, plus de la moitié (58 %) du total des financements publics fournis dans ces pays a pris la forme de dons. Les prêts représentaient 41 % et les prises de participation moins de 1 %. Dans chacun des trois groupes de pays, un quart (25 %) des prêts ciblaient le secteur de l'énergie, tandis qu'environ 20 % des dons ciblaient le secteur de l'agriculture, de la foresterie et de la pêche.

Graphique 11. Volume et part des dons fournis dans les PEID, les PMA et les États fragiles

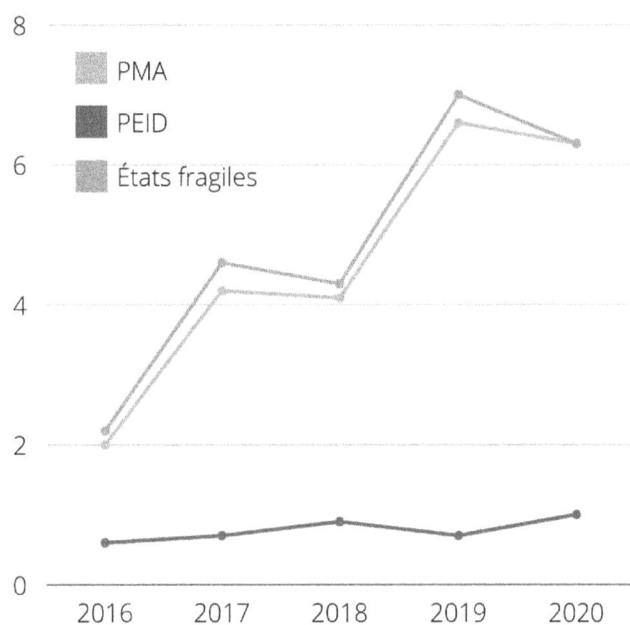

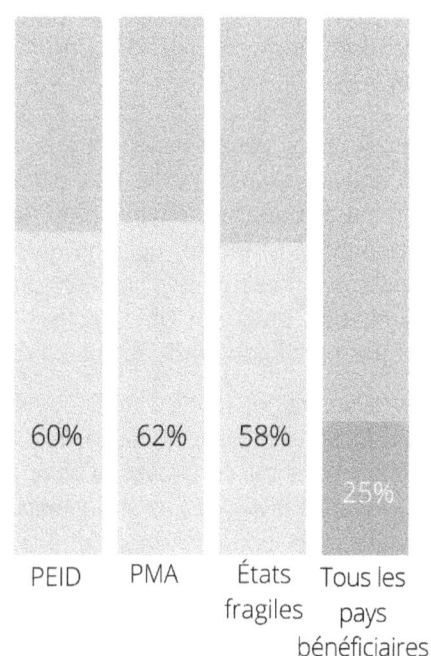

Note : Ce graphique ne reflète pas pleinement les différences des pays en développement en termes de taille, de population et d'autres conditions socio-économiques.
Source : Sur la base des rapports biennaux à la CCNUCC, des statistiques du CAD de l'OCDE, et des montants faisant l'objet d'une notification supplémentaire à l'OCDE.

---

[13] Les États fragiles sont généralement définis comme ayant de faibles capacités à exercer des fonctions de gouvernance de base et n'ayant pas la capacité de développer des relations mutuellement constructives avec la société. Les régions ou États fragiles sont également plus vulnérables aux chocs internes ou externes, tels que les crises économiques ou les catastrophes naturelles (OCDE, 2020[72]). Le Cadre multidimensionnel de l'OCDE sur la fragilité mesure la fragilité selon un spectre d'intensité dans cinq dimensions : économique, environnementale, politique, sécuritaire et sociétale. Les résultats du cadre 2020 recensent 57 États fragiles. Treize d'entre eux sont considérés comme extrêmement fragiles (OCDE, 2020[72]).

Enseignements tirés de l'analyse des données ventilées sur la répartition des instruments dans le financement climatique public

Les conclusions de l'analyse des données sur le financement climatique présentées dans les sections précédentes indiquent que le financement climatique public peut être fourni par le biais de divers instruments financiers, étant donné que différents instruments climatiques publics servent des objectifs différents dans différents contextes. Si, globalement, le financement climatique public prend principalement la forme de prêts, la part des dons est plus élevée dans les financements publics bilatéraux et les fonds climatiques multilatéraux. Les dons sont principalement utilisés pour financer des activités d'adaptation et transversales, en particulier dans les pays vulnérables et/ou à faible revenu, tandis que la part des prêts est nettement plus élevée dans les activités d'atténuation dans les pays à revenu intermédiaire. La présente section approfondit ces tendances observées.

La répartition des instruments varie considérablement selon les types de fournisseurs publics de financement climatique, dont les mandats et les modèles de fonctionnement diffèrent

La différence substantielle entre la part des prêts consentis par les BMD et celle des fonds climatiques dépend en grande partie des différences entre les mandats et les modèles de fonctionnement. De nombreux modèles d'affaires des BMD sont axés sur les prêts directs. Elles s'appuient davantage sur des instruments financiers qui impliquent un remboursement et des intérêts (prêts) ou une sortie et un rendement (prise de participation), même si la mesure dans laquelle cela est le cas varie selon le mandat de chaque BMD (OCDE, 2021[27]). En outre, les BMD financent souvent des projets d'infrastructure relativement importants, dans lesquels le financement par l'emprunt joue un rôle essentiel.

En revanche, les fonds climatiques multilatéraux fonctionnent généralement sur la base du versement de contributions versées ou de reconstitutions par les pays membres au cours d'une période donnée, plutôt que d'utiliser ces contributions comme capitaux propres pour capitaliser leur modèle de fonctionnement et leur effet de levier en faveur du financement renouvelable du développement. En conséquence, ces fonds multilatéraux pour le climat ont une plus grande capacité à accorder des subventions que les BMD, y compris à l'appui d'activités non génératrices de revenu.

Une distinction peut également être établie au sein de la composante bilatérale du financement climatique, entre les organismes d'aide d'une part et les institutions de financement du développement d'autre part. Les premiers reposent sur un modèle similaire à celui des fonds climatiques, et les secondes sur un modèle économique similaire à celui des BMD, même si cette qualification doit être nuancée au cas par cas. Toutefois, le niveau de granularité des données sur le financement climatique bilatéral communiquées par les pays donneurs à la CCNUCC ne se prête pas à une analyse plus approfondie de cette distinction, car elles ne contiennent pas d'informations sur les organismes qui financent le projet.

Les dons financent principalement des activités d'adaptation, de démonstration et de renforcement des capacités, tandis que les prêts sont davantage axés sur des projets d'atténuation et financièrement viables.

Les dons, les prêts et les prises de participation peuvent tous contribuer au développement économique des pays en développement et à l'action climatique. L'utilisation des différents instruments évolue généralement avec le stade de développement socio-économique des pays bénéficiaires (voir la section finale du chapitre suivant), et varie selon les types de projets et d'activités. Tableau 2 présente une sélection d'exemples d'activités soutenues par des prêts, des dons et des prises de participation dans les secteurs de l'énergie et des transports.

Tableau 2. Exemples de prêts, de subventions et de prises de participation dans les secteurs de l'énergie et des transports

Instrument de financement public	Description du projet
Subvention	Soutien de l'électrification par l'énergie solaire des établissements publics, tels que les écoles et les hôpitaux dans les PMA.
	Fourniture d'une assistance technique à 15 mégalopoles d'Asie et d'Amérique du Sud en vue d'élaborer des plans de transport durable conformes à l'Accord de Paris.
	Création de mini-réseaux électriques écologiquement et économiquement viables pour les petites communautés rurales isolées.
Prêt	Construction et exploitation d'un réseau de métro urbain.
	Développement de la capacité de production géothermique du pays bénéficiaire.
	Financement par emprunt de travaux d'entretien des routes résilients au changement climatique.
Prises de participation	Investissements directs dans la construction d'une ligne de métro supplémentaire
	Participation à un fonds investissant dans des actifs de production d'électricité (utilisant des énergies renouvelables et du gaz naturel) en Afrique subsaharienne, en Asie du Sud-Est et en Amérique latine.
	Participation à un fonds d'investissement ciblant les PME qui contribuent à la réalisation des ODD et à la durabilité climatique.

Note : Les garanties publiques ne sont pas prises en compte en tant que financement public, mais sont plutôt prises en compte dans l'analyse des financements privés mobilisés, qui est présentée dans d'autres graphiques et sections de ce rapport. Les exemples présentés dans le présent tableau ont été choisis de manière à donner une vue d'ensemble des activités communes financées par des dons, des prêts et des prises de participation et soutenues par le financement climatique. Cette sélection n'est pas exhaustive et ne rend pas pleinement compte de l'ampleur et de la diversité des activités soutenues par le financement climatique fourni au moyen de différents instruments. Ce tableau doit être lu dans le contexte plus large du chapitre. Les descriptions des activités ont été modifiées afin de supprimer toute référence explicite au pays ou à l'entité bénéficiaire.

Source : Sur la base des rapports biennaux à la CCNUCC, des statistiques du CAD de l'OCDE et du Groupe sur les crédits à l'exportation, et des montants faisant l'objet d'une notification supplémentaire à l'OCDE.

Les activités dont le rendement financier direct est faible ou nul, mais dont le rendement économique ou social escompté est élevé, bénéficient souvent de subventions. C'est notamment le cas pour l'assistance technique ou le renforcement des capacités, qui sont généralement plus fréquents pour l'adaptation que pour l'atténuation, ainsi que pour les activités d'adaptation en général (PNUE, 2021[28]). Les subventions peuvent aussi être particulièrement efficaces pour soutenir des études de faisabilité ou des démonstrations non commercialement intéressantes d'innovations technologiques propres en phase de démarrage, ou pour améliorer l'accès aux technologies et à l'innovation dans les pays pauvres et les communautés isolées. En revanche, les prêts publics servent souvent à financer des technologies matures ou presque matures financièrement viables, ainsi que des projets d'infrastructure de grande envergure censés générer des revenus, que l'on trouve plus souvent dans le contexte d'activités d'atténuation, comme les centrales électriques à énergie renouvelable. Les activités d'adaptation financées par des prêts, moins nombreuses, concernent aussi principalement des projets d'infrastructure tels que la construction de stations d'épuration ou de réseaux d'assainissement.

Enfin, les investissements sous forme de prises de participation peuvent prendre la forme d'investissements directs dans des entreprises et des structures ad hoc[14] créées à des fins de financement de projets, ou d'investissements par le biais de fonds et d'organismes de placement collectif. Les financements climatiques publics fournis sous forme de prises de participation sont presque exclusivement axés sur des activités d'atténuation dans les secteurs de l'énergie et des transports. Ces investissements publics sous forme de prises de participation contribuent généralement à améliorer la viabilité financière

---

[14] Les structures ad hoc sont des entités juridiques créées à des fins spécifiques. Dans le contexte du financement de projets, elles sont souvent créées pour structurer les ressources provenant d'un groupe d'investisseurs, généralement des BMD, des IFD bilatérales et des investisseurs privés, afin de trouver une répartition optimale des risques entre les investisseurs.

des grands projets pour les investisseurs privés, qui pourraient autrement considérer les investissements dans les pays en développement comme trop risqués (OCDE, 2014[29]). C'est pourquoi les prises de participation sont principalement utilisées par les institutions de financement du développement chargées de promouvoir l'investissement dans le secteur privé et de mobiliser des financements privés.

Les dons ont représenté une part plus importante dans les pays les plus vulnérables et/ou les plus pauvres

Les PEID, les PMA et les PFR ont bénéficié en moyenne d'une part plus importante de dons que l'ensemble des bénéficiaires. D'une part, cela tient au fait qu'ils sont principalement bénéficiaires de financements climatiques destinés à des activités d'adaptation, qui sont souvent financés par des dons. D'autre part, ces pays présentent souvent des conditions économiques et sociopolitiques qui ne favorisent pas les investissements fondés sur des prêts et limitent plus généralement la capacité d'absorption du financement par l'emprunt (OCDE, 2021[27]). En particulier, le niveau élevé de la dette publique, qui caractérise souvent ces pays, peut limiter leur capacité d'emprunt et rendre tout nouvel emprunt plus coûteux en termes de taux d'intérêt élevés (OCDE, 2020[30]). À l'inverse, le développement limité du secteur privé et du secteur financier restreint l'utilisation des prêts pour financer les activités d'acteurs non étatiques.

Dans l'ensemble, les contraintes de capacités liées aux compétences, aux institutions et à la gestion, ainsi que d'autres contraintes de mise en œuvre, peuvent alourdir le coût de l'investissement (Drabo, 2021) ; (Gurara, Kpodar, Presbitero et Tessema, 2021). Dans ce contexte, les projets d'infrastructure, en particulier, peuvent pâtir d'un manque de portefeuilles de projets transparents et susceptibles d'être financés, qui pourraient attirer des prêts et des investissements sous forme de prises de participation (Bielenberg, Kerlin, Oppenheim, & Roberts, 2016) ; (OCDE, 2018). En raison de contraintes de capacités, de nombreux pays en développement ne sont pas à ce jour en mesure de planifier et de développer des projets d'infrastructure à faibles émissions et résilients au changement climatique, par exemple, qui sont essentiels pour les objectifs climatiques et de développement (OCDE, 2018). Ces contraintes de capacités sont généralement étroitement corrélées à l'état de développement et aux niveaux de revenu. Elles sont en fait une caractéristique essentielle des faibles niveaux de développement, notamment dans les pays à faible revenu, les États fragiles et les petits pays éloignés des marchés et des courants d'échanges.

En revanche, la part des prêts dans le total des financements climatiques reçus est nettement plus élevée dans les PRI et les PRE que dans les PFR, car les économies à revenu élevé peuvent plus facilement absorber et déployer des ressources financières à grande échelle. Les PRI et les PRE ont généralement une capacité de remboursement relativement plus élevée, ainsi qu'un secteur privé et des marchés financiers locaux plus développés et, par conséquent, attirent une part plus importante des prêts. En outre, ces groupes de pays offrent généralement des conditions plus propices à de grands projets d'infrastructure mieux adaptés aux prêts et aux prises de participation.

Financement climatique privé mobilisé : tendances, éclairages et opportunités

Ce chapitre analyse l'évolution du financement climatique privé mobilisé. Il examine les principales caractéristiques en termes de mécanismes de mobilisation de financements privés, de thèmes liés au climat, de types de fournisseurs, de secteurs, ainsi que sur la base de diverses caractéristiques et catégories de pays bénéficiaires. Il présente ensuite de nouveaux éclairages sur ces tendances, ainsi que des perspectives sur les possibilités d'accroître la mobilisation de financements privés.

D'après (OCDE, 2022[5]), le financement climatique public fourni par les pays développés a mobilisé 13.1 milliards USD de financements privés en 2020. Bien qu'en hausse par rapport à 2016 (10.1 milliards USD), il s'agit d'une baisse par rapport aux niveaux relativement stables observés en 2017 (14.5 milliards USD), 2018 (14.7 milliards USD) et 2019 (14.4 milliards USD).

Dans la pratique, la capacité des pays développés à mobiliser des financements privés pour l'action climatique dans les pays en développement dépend de nombreux facteurs. Il s'agit notamment de la composition des portefeuilles de fournisseurs bilatéraux et multilatéraux (atténuation-adaptation, instruments et mécanismes, géographie et secteurs), des politiques publiques et des environnements propices dans les pays en développement, ainsi que des conditions macroéconomiques générales.

Caractéristiques du financement climatique privé mobilisé

Les fournisseurs de financement public mobilisent des financements privés par le biais de différents types de mécanismes, comme résumé dans le Graphique 12. À l'exception des garanties, ces mécanismes sont étayés par les instruments de financement public (prises de participation, dons, prêts) analysés dans le chapitre précédent, par exemple les parts dans des organismes de placement collectif (OPC) se composent d'investissements sous forme de prises de participation, les investissements directs dans des entreprises et les structures ad hoc peuvent prendre la forme de prises de participation ou de prêts, le cofinancement simple implique des dons ou des prêts.

Les investissements directs dans des entreprises ou des structures ad hoc ont mobilisé près de la moitié (44 %) du financement climatique privé sur la période 2016-20. Viennent ensuite les garanties (19 %), les prêts syndiqués (14 %), les lignes de crédit (9 %), les dispositifs de cofinancement simple (8 %) et les parts dans des organismes de placement collectif (OPC) (6 %) (Graphique 12). Toutefois, les financements privés mobilisés par chaque mécanisme ont varié sensiblement d'une année sur l'autre. Cette variation peut tenir non seulement à la nature volatile des flux de financement privé, mais aussi à la disponibilité de réserves de projets et de possibilités d'investissement qui peuvent être réparties de manière inégale dans le temps, comme on le verra plus en détail dans les sections suivantes de ce chapitre.

Graphique 12. Financement climatique privé mobilisé par le mécanisme de mobilisation en 2016-2020 (%)

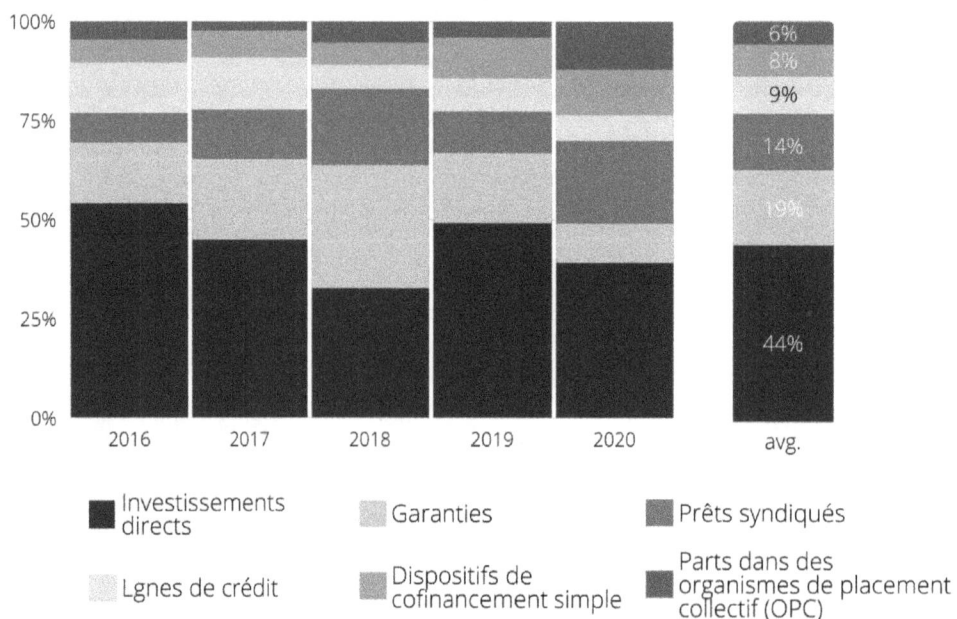

Source : sur la base des statistiques du CAD de l'OCDE, et des montants faisant l'objet d'une notification supplémentaire à l'OCDE.

S'agissant des groupes de fournisseurs, entre 2016 et 2020, la majeure partie du financement climatique privé mobilisé a été attribuable aux BMD (57 %), suivies des fournisseurs bilatéraux (36 %) et des fonds climatiques multilatéraux (7 %) (Graphique 13). Pour les trois groupes de fournisseurs, l'investissement direct dans des entreprises ou des structures ad hoc a mobilisé la majeure partie de leurs financements privés totaux (la moitié des financements privés mobilisés par les BMD et un tiers pour les donneurs et les fonds climatiques). Le rôle joué par d'autres mécanismes varie selon les types de fournisseurs. Par exemple, les garanties ont représenté 20 % des financements privés mobilisés par les BMD et les fournisseurs bilatéraux, mais sont très rarement utilisées par les fonds climatiques multilatéraux. Les lignes de crédit ont représenté 20 % du financement climatique privé mobilisé par les fournisseurs bilatéraux, tandis que 19 % du financement climatique privé mobilisé par les BMD l'a été au moyen de prêts syndiqués.

Graphique 13. Financement climatique privé mobilisé par groupe de fournisseurs en 2016-2020 (%)

Source : sur la base des statistiques du CAD de l'OCDE, et des montants faisant l'objet d'une notification supplémentaire à l'OCDE.

La part prépondérante qu'occupe l'atténuation (86 %) dans les financements climatiques privés mobilisés par les pays développés sur la période 2016-2020 est en partie liée aux contraintes auxquelles sont confrontés les investissements commerciaux dans les projets d'adaptation. Il en résulte une répartition très inégale des financements climatiques mobilisés par secteur, le secteur de l'énergie représentant plus de la moitié des financements climatiques privés (Graphique 14). La moitié restante des financements climatiques privés mobilisés sur la période 2016-2020 a été répartie entre divers autres secteurs, en particulier l'industrie, l'exploitation minière et la construction (11 %) ; les services bancaires et financiers (9 %) ; les transports et le stockage (4 %) ; et l'agriculture, la foresterie et la pêche (4 %). Pourtant, en 2020, les financements climatiques privés mobilisés dans le secteur de l'énergie ont sensiblement diminué en termes relatifs et absolus, chutant de 0.9 milliard USD et ne représentant que 35 % du total des financements climatiques mobilisés cette année-là.

En revanche, sur la période 2016-2020, les financements climatiques privés mobilisés à des fins d'adaptation ciblaient principalement l'industrie, l'exploitation minière et la construction (36 % du total des financements climatiques privés mobilisés au titre de l'adaptation), même si cela a été largement influencé par un projet d'infrastructure énergétique de grande ampleur en Afrique de l'Est soutenu par une BMD en 2020.[15] Viennent ensuite l'énergie, l'eau et l'assainissement, qui représentent tous deux 14 % du total des financements mobilisés au titre de l'adaptation sur la période de cinq ans. Sans surprise, les secteurs dans lesquels la part des financements climatiques privés mobilisés pour l'adaptation est nulle ou très faible sont la santé, l'administration publique et la société civile, et l'éducation.

---

[15] Ce projet représente 46 % du total des financements climatiques privés mobilisés pour l'adaptation en 2020, et 25 % du total pour 2016-20.

Graphique 14. Financement climatique privé mobilisé par secteur en 2016-2020 (%)

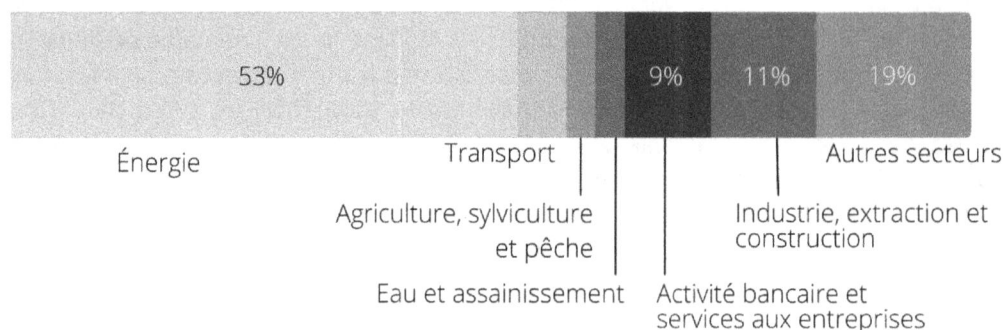

Source : sur la base des statistiques du CAD de l'OCDE, et des montants faisant l'objet d'une notification supplémentaire à l'OCDE.

Entre 2016 et 2020, le financement climatique privé destiné à des secteurs qui impliquent souvent des projets d'infrastructure, comme l'énergie, les transports et l'industrie, l'exploitation minière et la construction ou les communications, a été principalement mobilisé par le biais de mécanismes généralement utilisés dans le cadre du financement de projets, à savoir des garanties, des prêts syndiqués et des investissements directs dans des entreprises ou des structures ad hoc. Ces trois mécanismes ont représenté plus de 80 % du financement climatique privé mobilisé dans ces secteurs. En revanche, dans les services bancaires et financiers, les lignes de crédit, qui sont souvent utilisées dans le contexte du développement local des PME, ont joué un rôle important.

Financement climatique privé mobilisé par catégorie de pays bénéficiaire

Entre 2016 et 2020, l'Asie a été la principale région bénéficiaire du financement climatique privé mobilisé, représentant 38 % du total. Viennent ensuite les Amériques (26 %) et l'Afrique (21 %), tandis que l'Europe (5 %) et plus encore l'Océanie (0.1 %) représentent des parts beaucoup plus faibles (Graphique 15). La répartition régionale de la mobilisation du financement privé a été relativement similaire à celle du financement climatique total sur la période de cinq ans, à l'exception d'une focalisation légèrement plus marquée sur les Amériques et un peu plus faible sur l'Asie et l'Afrique.

Au niveau agrégé, la part des financements climatiques privés mobilisés dans les PRI (notamment les PRITS) a été nettement plus importante que dans les autres catégories de revenu : Les PRI ont représenté 67 % du financement climatique privé mobilisé pour chaque pays en 2016-2020, contre 7 % pour les PRI et seulement 5 % pour les PFR, les 21 % restants n'étant pas ventilés par pays. L'atténuation a représenté 91 % du financement climatique privé mobilisé dans les PRI, tandis que l'adaptation a représenté plus de 50 % du financement climatique privé mobilisé dans les PFR.

Entre 2016 et 2020, les financements climatiques privés mobilisés ont affiché un degré élevé de concentration, 10 pays bénéficiaires ayant bénéficié de plus de la moitié (55 %) du total des financements climatiques privés alloués à des pays individuels. La concentration est encore plus marquée si l'on considère les dix pays les plus performants en termes de financement privé de l'adaptation, dont la part s'élevait à 81 %. Les 10 premiers PRITS et les 10 premiers PFR ont bénéficié respectivement de 97 % et 99.7 % du financement climatique privé mobilisé au titre de l'adaptation au sein de chaque groupe de revenu. La forte concentration du financement climatique privé destiné aux PFR et à l'adaptation est toutefois principalement due au projet d'infrastructure énergétique à grande échelle mentionné plus haut dans un PMA.

Graphique 15. Concentration des financements climatiques privés mobilisés dans les régions et groupes de revenu des pays en développement en 2016-2020

Répartition des financements privés mobilisés pour le climat par régions de pays en développement (2016-2020, %)

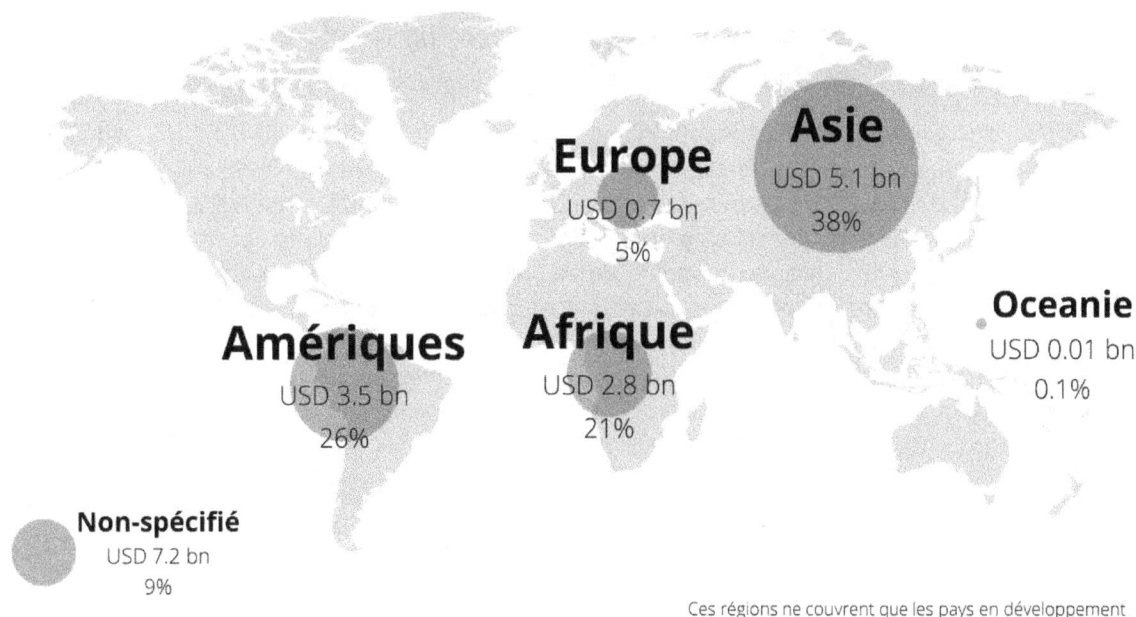

Europe
USD 0.7 bn
5%

Asie
USD 5.1 bn
38%

Amériques
USD 3.5 bn
26%

Afrique
USD 2.8 bn
21%

Oceanie
USD 0.01 bn
0.1%

Non-spécifié
USD 7.2 bn
9%

Ces régions ne couvrent que les pays en développement

Répartition des financements privés mobilisés pour le climat par groupes de revenus (2016-2020, %)

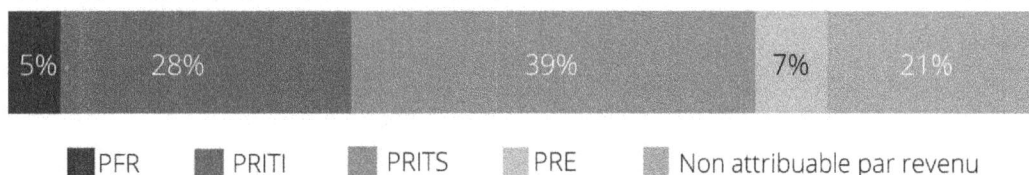

5%	28%	39%	7%	21%

PFR   PRITI   PRITS   PRE   Non attribuable par revenu

Note : Ce graphique ne reflète pas pleinement les différences des pays en développement en termes de taille, de population et d'autres conditions socio-économiques. Les régions incluses ne couvrent que les pays en développement, tels que définis à l'annexe B. Ce graphique ne reflète pas pleinement les différences des pays en développement en termes de taille, de population et d'autres conditions socio-économiques.
Source : sur la base des statistiques du CAD de l'OCDE, et des montants faisant l'objet d'une notification supplémentaire à l'OCDE.

Financement climatique privé mobilisé dans les PEID, les PMA et les États fragiles

En 2016-2020, les PEID, les PMA et les États fragiles ont représenté 1 %, 8 % et 16 % du total du financement climatique privé mobilisé, ce qui correspond à une moyenne annuelle de 0.1 milliard USD, 1.1 milliard USD et 1.7 milliard USD respectivement. Au cours de la période considérée, l'adaptation a représenté 38 % du total des financements climatiques privés mobilisés dans les PMA (15 % sans le projet d'infrastructure énergétique de grande échelle susmentionné) et seulement 6 % dans les PEID.

Les financements climatiques privés mobilisés dans les PEID et les PMA ont été concentrés dans un petit nombre de pays. En 2016-2020, 62 % du total des financements climatiques mobilisés dans les PMA n'ont bénéficié qu'à cinq des pays les moins avancés, et pas moins de 87 % du total des financements climatiques privés mobilisés dans les PEID n'ont bénéficié qu'à cinq des États insulaires. Près des deux tiers (64 %) des financements climatiques privés mobilisés en faveur des PEID ont été affectés aux pays et territoires de la région des Caraïbes. Pour les États fragiles, la situation est légèrement plus nuancée, puisque 54 % du financement climatique privé total n'a bénéficié qu'à cinq pays.

Tendances du financement climatique privé mobilisé, sur la base d'une sélection de notes de risque pays

Le risque peut décourager l'investissement privé s'il est jugé trop élevé et/ou s'il n'est pas réduit par des interventions publiques. Outre les obstacles aux investissements privés propres aux projets, d'autres risques concernent des aspects plus généraux des conditions politiques et réglementaires ainsi que des conditions macroéconomiques, juridiques ou commerciales de pays et régions spécifiques, comme on le verra plus en détail dans les sections suivantes de ce chapitre (voir page 44). Cette section utilise deux indicateurs composites complémentaires aisément disponibles pour analyser le financement privé mobilisé par les pays développés dans différents contextes et niveaux de risque nationaux : l'évaluation des risques pays à moyen terme d'Allianz (qui couvre un large éventail de types de risques différents) et l'évaluation du climat des affaires de Coface, qui est axée sur l'environnement des affaires et le risque de défaillance (Allianz, 2022[31] ; Coface, 2022[32]).

La principale conclusion est qu'au cours de la période 2016-2020, les fournisseurs publics de financement climatique ont principalement mobilisé des financements climatiques privés pour financer des projets dans des pays présentant un profil de risque moyen ou relativement faible (Graphique 16) :

- D'après les notations des risques pays à moyen terme d'Allianz, les financements climatiques privés mobilisés ont profité principalement aux pays ayant une notation de risque plus faible (B/BB), représentant 45 % du total.

- D'après l'évaluation du climat des affaires de Coface, environ 52 % des financements climatiques privés ont été mobilisés pour des projets dans des pays ayant obtenu la note de risque la plus faible (A).

- Les financements climatiques privés mobilisés pour les pays les moins bien notés, à savoir D pour la notation Allianz ou C, D et E pour la notation Coface, représentaient respectivement 27 % et 19 %.

Graphique 16. Financements climatiques privés mobilisés par catégorie de risque pays en 2016-2020 (%)

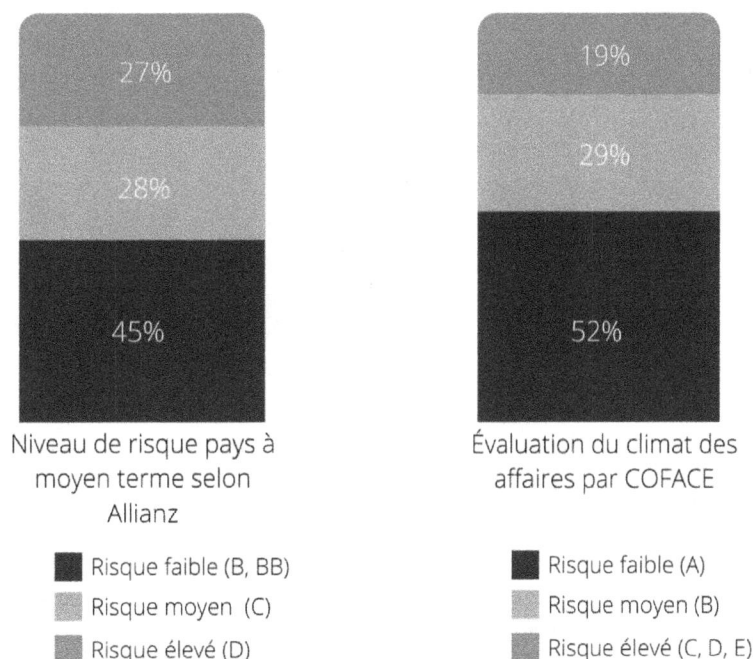

Source : sur la base des statistiques du CAD de l'OCDE, et des montants faisant l'objet d'une notification supplémentaire à l'OCDE.
Note : l'évaluation des risques pays à moyen terme d'Allianz rend compte d'un large éventail de différents types de risques, tandis que l'évaluation du climat des affaires de Coface se concentre sur l'environnement des affaires et le risque de défaillance (Allianz, 2022[31] ; Coface, 2022[32]).

Les BMD semblent mobiliser des financements privés dans des environnements plus risqués que les pays donneurs et les fonds climatiques multilatéraux. Plus le risque est élevé, plus la part du financement climatique privé mobilisé par les BMD est élevée et plus la part des pays et des fonds climatiques est faible (Graphique 17) :

- Sur la base des notations des risques pays à moyen terme d'Allianz, les BMD ont mobilisé un montant comparable de financements privés en 2016-2020 dans les trois catégories de risques (B/BB, C et D), tandis que les financements climatiques privés mobilisés par les fonds climatiques et les donneurs étaient plutôt concentrés dans des pays à profil de risque moins élevé (B/BB). Si 36 % seulement des financements climatiques privés mobilisés par les BMD l'ont été dans des pays présentant le risque le plus faible (B.B), ils ont été de 55 % dans le cas des pays donneurs et de 73 % pour les fonds climatiques.

- Selon l'évaluation du climat des affaires de Coface, 53 % des financements climatiques privés mobilisés par les BMD ont été destinés à des pays présentant des niveaux de risque moyen à élevé (B, C, D et E). Cette part est tombée à 42 % pour les pays donneurs et à seulement 30 % pour les fonds climatiques multilatéraux (sachant que, pour les fonds climatiques, il s'agit d'un seul projet dans une structure d'investissement d'Amérique du Sud).

Graphique 17. Financement climatique privé mobilisé par catégorie de risque pays et par groupe de fournisseurs en 2016-2020 (%)

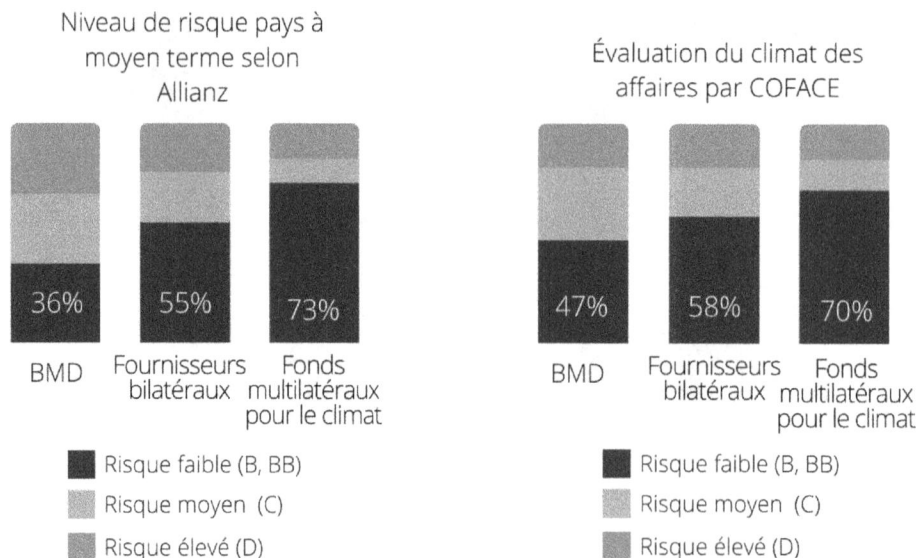

Source : sur la base des statistiques du CAD de l'OCDE, et des montants faisant l'objet d'une notification supplémentaire à l'OCDE.
Note : l'évaluation des risques pays à moyen terme d'Allianz rend compte d'un large éventail de différents types de risques, tandis que l'évaluation du climat des affaires de Coface se concentre sur l'environnement des affaires et le risque de défaillance (Allianz, 2022[31] ; Coface, 2022[32]).

En 2016-20, les garanties ont été utilisées principalement dans les pays à risque moyen à élevé. Selon l'évaluation du climat des affaires réalisée par Coface, 30 % des financements privés mobilisés grâce à des garanties l'ont été dans des pays présentant un profil de risque moyen (notés B, C et D), contre seulement 15 % dans des pays à faible risque (notés A). Les notations de risque pays à moyen terme d'Allianz indiquent que 39 % des financements climatiques privés mobilisés grâce à des garanties l'ont été dans des pays à risque élevé (catégorie D), 22 % dans des pays à risque moyen (catégorie C) et seulement 12 % dans des pays à risque faible (catégorie B/B). Ces résultats donnent à penser que plus les incertitudes économiques et politiques sont faibles et plus le climat des affaires est favorable, moins il est nécessaire d'obtenir des garanties pour mobiliser des financements privés pour les projets climatiques.

Enseignements tirés de l'analyse détaillée du financement climatique privé mobilisé

Cette section présente les explications possibles des tendances observées ci-dessus. Pour ce faire, elle s'appuie en outre sur des publications pertinentes ainsi que sur une enquête qualitative de l'OCDE (ci-après l'enquête 2022 de l'OCDE). L'enquête 2022 de l'OCDE a été menée pour mettre à jour les informations sur les portefeuilles de financement du développement des fournisseurs bilatéraux et multilatéraux, en mettant l'accent sur les mécanismes et instruments conçus pour mobiliser des financements privés, et pour recueillir des éclairages qualitatifs auprès des fournisseurs sur les principales incitations et les principaux obstacles à la mobilisation de financements privés à l'appui du développement durable et de l'action climatique.[16]

---

[16] L'enquête a été réalisée en mars-juin 2022, et administrée par les Direction de la coopération pour le développement par l'intermédiaire du Groupe de travail du CAD sur les statistiques du financement du développement (GT-STAT) en

L'adaptation a continué de représenter une part minime du financement climatique total mobilisé

Plus de 90 % des financements à l'appui de l'adaptation fournis et mobilisés par les pays développés en 2016-2020 provenaient de sources publiques (Graphique 1 du chapitre 1). Si les dépenses d'adaptation peuvent stimuler l'activité du secteur privé, avec des avantages directs pour l'économie, elles sont souvent dépourvues de sources de recettes claires (par exemple, sous la forme de paiements effectués par les utilisateurs finals) et, par conséquent, ne répondent pas aux critères d'investissement du secteur privé.

En outre, les activités d'adaptation peuvent être moins attrayantes pour les investisseurs privés, qui ont tendance à opérer sur des horizons temporels plus courts que ceux qui caractérisent les scénarios futurs d'impacts climatiques. Par conséquent, il est souvent difficile d'argumenter en faveur de projets d'adaptation assortis de longs délais de récupération et dont les avantages sont conditionnés à des scénarios climatiques futurs présentant un degré élevé d'incertitude (PNUE, 2021[28]). Les sources publiques sont indispensables pour soutenir les projets et les activités qui ont un rendement social élevé et un rendement financier plus faible, ou lorsque des pays et des communautés particulièrement vulnérables ou marginalisés ont besoin d'aide (Pauw et al., 2021[33]). C'est dans ce contexte que les acteurs des finances publiques peuvent se substituer aux acteurs du marché en accordant des subventions ou des prêts à long terme à des conditions concessionnelles.

Les résultats de l'enquête 2022 de l'OCDE soulignent en outre que les projets d'adaptation ne présentent pas souvent l'ampleur ni le potentiel d'extensibilité que recherchent les acteurs privés. Plusieurs fournisseurs ont également mentionné le manque de connaissances des investisseurs privés sur les projets d'adaptation existants ou possibles, ainsi que le coût plus élevé des projets dans certains cas. En revanche, les fournisseurs ont indiqué avoir une plus grande capacité à mobiliser des investisseurs privés pour des projets qui contribuent à l'atténuation du changement climatique dans des secteurs qu'ils comprennent bien et avec des projets clairement identifiés comme l'énergie, les transports et l'industrie.

Il est possible de renforcer la participation du secteur privé aux projets liés à l'adaptation, notamment en améliorant les environnements propices dans les secteurs respectifs qui ont la nécessité de s'adapter et de devenir résilients. Les pouvoirs publics peuvent par exemple définir des objectifs d'action qui les aident à honorer leur engagement à faire respecter la résilience et investir dans des cadres juridiques et réglementaires qui facilitent les partenariats public-privé. L'enquête 2022 de l'OCDE souligne également la nécessité de structurer et de formuler les projets et programmes d'adaptation de manière à associer les investisseurs privés potentiels dès la phase de conception des possibilités de financement.

Dans l'ensemble, pour générer des investissements dans l'adaptation et les porter à l'échelle voulue, il est important de comprendre et de distinguer les investissements dans l'adaptation qui peuvent être réalisés par le secteur privé pour répondre aux besoins et à la demande de produits et services d'adaptation ; et ceux qui prennent la forme d'investissements publics qui procurent des avantages économiques, mais ne disposent pas de modèle économique financier. À cet égard, l'accès aux financements et leur coût ont un fort impact sur les investissements dans l'adaptation qui se révèlent économiquement efficients dans un contexte donné (Mullan et Ranger, à paraître[34]).

étroite collaboration avec le Programme de recherche collaborative sur le suivi du financement de l'action climatique, piloté par l'OCDE. Elle a été envoyée à 57 fournisseurs (30 fournisseurs bilatéraux et 27 institutions multilatérales). Des réponses complètes ou partielles ont été reçues de 21 et 16 institutions bilatérales et multilatérales respectivement, dont la plupart des fournisseurs mobilisant d'importants volumes de financement privé. Pour en savoir plus, voir oe.cd/mobilisation.

Différents mécanismes visent à mobiliser des financements privés dans différents contextes

Les données recueillies par l'OCDE au niveau des activités sur le financement climatique privé mobilisé couvrent les principaux mécanismes utilisés par les IFD et les BMD, à savoir les garanties, les prêts syndiqués, les parts dans des organismes de placement collectif (OPC), les investissements directs dans des entreprises ou des structures ad hoc, les lignes de crédit et les dispositifs de cofinancement simple. L'Annexe A (Tableau A A.2) donne un aperçu des mécanismes de mobilisation et de leurs utilisations pour différents types d'activités et dans différents contextes.

L'enquête 2022 de l'OCDE sur les portefeuilles des fournisseurs a confirmé le rôle clé joué par le financement de projets, les garanties et les prêts syndiqués pour mobiliser des financements privés, que ce soit pour l'action climatique ou plus largement. Certains fournisseurs ont souligné l'efficacité des garanties pour mobiliser des financements privés sur les marchés naissants par le biais de l'atténuation des risques. D'autres évoquent également le rôle des prêts syndiqués dans la réduction des coûts des nouveaux entrants et dans l'encouragement des promoteurs à entrer sur le marché, ainsi que la capacité des lignes de crédit à soutenir le développement des PME locales en améliorant l'accès au financement.

L'innovation financière est un facteur important d'expansion des portefeuilles de mobilisation des fournisseurs. Si de nombreux fournisseurs ont généralement fait référence aux mécanismes relativement traditionnels et bien établis pour mobiliser des financements privés (prêts syndiqués, garanties, lignes de crédit et financement de projets, par exemple), certains ont également souligné la nécessité d'étudier des mécanismes nouveaux et innovants pour attirer l'investissement privé. Par exemple, plusieurs acteurs bilatéraux et multilatéraux ont mentionné le potentiel des investissements publics d'ancrage ou des souscriptions d'obligations pour la construction de marchés obligataires privés locaux de manière plus générale. D'autres ont indiqué envisager de mettre en place ou d'étendre des programmes de garantie. Un certain nombre de fournisseurs bilatéraux ont également fait référence à la capitalisation de fonds et mécanismes de financement mixte administrés par les BMD ou autres, qui visent à mobiliser des financements privés à des fins climatiques. En outre, certains fournisseurs ont commencé à étudier les approches possibles pour attirer les investisseurs institutionnels, par exemple au moyen de solutions d'investissement de portefeuille.

La majeure partie des financements climatiques privés a été mobilisée pour des projets dans des pays à revenu intermédiaire dotés d'un environnement relativement favorable et d'une notation de risque faible

La situation socioéconomique des pays en développement joue un rôle fondamental pour attirer les financements et les investissements privés. Les environnements propices sont liés à un large éventail de caractéristiques, telles que le cadre réglementaire sectoriel, ainsi que les politiques et dispositifs d'aide à l'investissement, les politiques de la concurrence, les politiques commerciales et les politiques relatives aux marchés financiers (Ang, Röttgers et Burli, 2017[35] ; OCDE, 2015[36] ; OCDE, 2021[37]) . D'autres facteurs jouent un rôle dans la capacité d'un pays à absorber et à accroître l'investissement, tels que sa capacité de mise en œuvre et de contrôle, son capital humain, sa main-d'œuvre qualifiée, le stock d'infrastructures économiques existant et son intégration dans les systèmes commerciaux mondiaux. En outre, le bon fonctionnement du système financier joue un rôle central pour faciliter la mobilisation, l'allocation efficace et l'accès aux financements à l'appui de l'investissement (Levine, 1996[38]). Enfin, il existe des leviers transversaux favorisant l'investissement : les données et informations ; la gouvernance, les systèmes et processus financiers publics et privés ; l'accès à la technologie (OCDE/La Banque mondiale/ONU Environnement, 2018[39] ; OCDE, 2021[37] ; OCDE, 2019[40]).

L'environnement favorable et la capacité d'absorption des pays ont tendance à progresser avec le développement économique et les niveaux de revenu. L'analyse des données présentée plus haut montre que les pays développés ont principalement mobilisé des financements climatiques privés dans des pays dotés d'infrastructures économiques existantes et d'un certain degré de maturité des marchés, qui sont généralement des PRI. Bon nombre des possibilités d'investissement sous-jacentes liées au financement de projets font intervenir des capitaux privés et des emprunts mobilisés au moyen de prêts syndiqués, de garanties et d'investissements directs.

Le faible montant des sommes totales mobilisées dans les pays à haut risque (Graphique 16 ci-dessus) s'explique plutôt par les fortes incertitudes politiques et macroéconomiques qui y limitent les possibilités de développement du secteur privé que par le besoin de mécanismes de réduction des risques au niveau des investissements individuels. Ainsi, seuls 15 % des financements climatiques privés mobilisés en faveur des pays les plus à risque (catégorie E, selon l'évaluation Coface du climat des affaires) l'ont été au moyen de garanties, un instrument type de réduction des risques.

D'un autre côté, comme on le verra plus en détail dans la section suivante, les pays en développement dotés de marchés et de cadres réglementaires qui fonctionnent relativement bien peuvent mobiliser des financements privés sans qu'un financement climatique public international supplémentaire ne soit fourni. Par conséquent, dans de tels cadres, les interventions extérieures de financement public peuvent avoir une additionnalité limitée pour les projets climatiques dans des secteurs rentables tels que l'énergie et l'industrie dans les pays en développement, qui peuvent être entièrement financés par des investisseurs privés (voir la partie droite du Graphique 19 ci-après). Ainsi, lorsque les bailleurs de fonds privés ne bénéficient directement d'aucune forme d'intervention de financement public ou de mécanisme de mobilisation des pays développés, ils ne sont pas considérés comme mobilisés par les pays développés et, par conséquent, comme déjà mentionné dans la section Contexte du rapport, sortent du champ du cadre comptable de la présente analyse.

Possibilités d'accroître la mobilisation de financements privés

Difficultés à surmonter

L'accroissement de la mobilisation de financements climatiques privés s'est révélé difficile. L'enquête 2022 de l'OCDE auprès des fournisseurs a permis de recueillir des informations sur les facteurs susceptibles d'affecter leur capacité à mobiliser des financements privés dans les pays en développement, notamment pour l'action climatique. Les deux principaux défis identifiés sont des risques élevés et des rendements d'investissement relativement faibles, ainsi qu'un manque de possibilités d'investissement et de développement de portefeuilles de projets (Graphique 18).

Graphique 18. Principaux défis recensés par les fournisseurs pour intensifier la mobilisation du secteur privé

Perception par les fornisseurs des défis à relever par le secteur privé

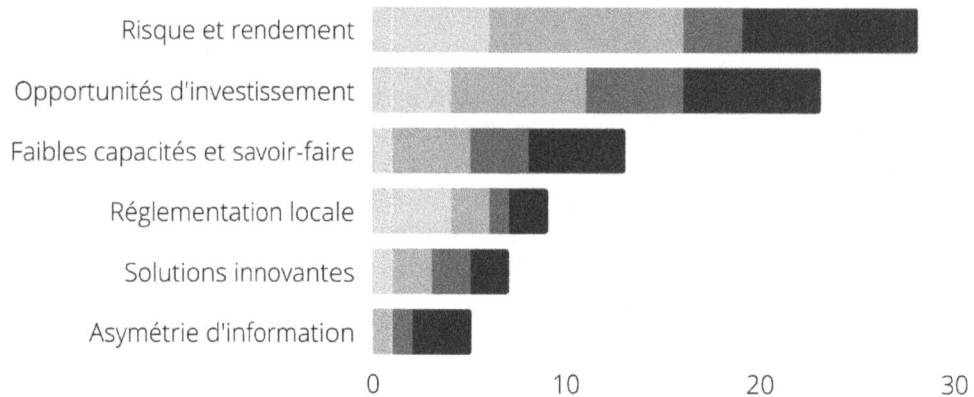

Les défis propres aux fournisseurs

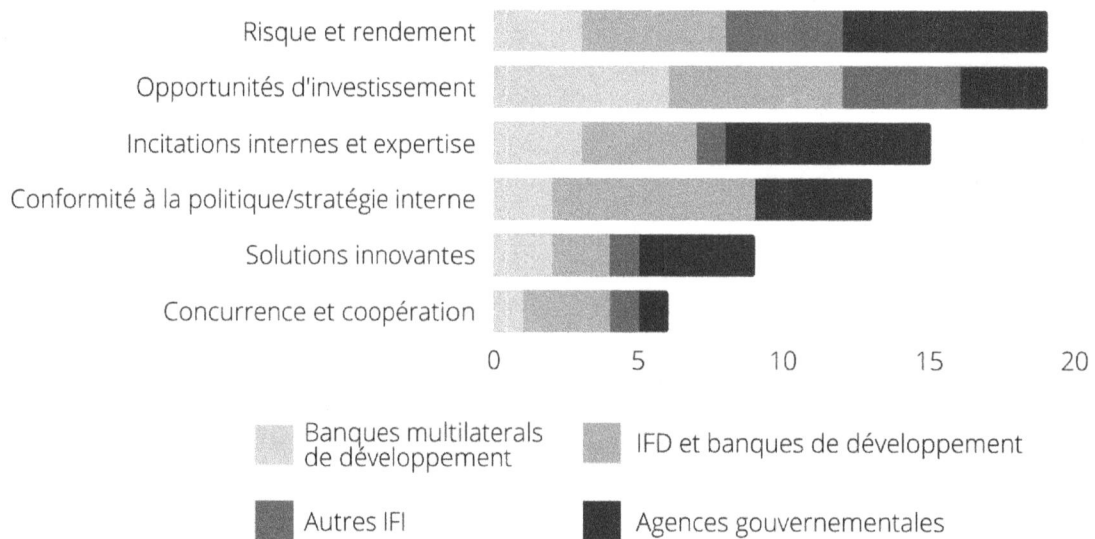

Source : Enquête 2022 du CAD de l'OCDE sur les portefeuilles des fournisseurs.

Parmi les autres difficultés rencontrées par les acteurs publics, on peut citer le manque d'incitations et d'expertise internes (pour les institutions qui ne sont pas traditionnellement axées sur le secteur privé), et la concurrence croissante entre les acteurs publics. Le manque de capacités locales dans les pays en développement et le respect des réglementations locales sont considérés comme des obstacles supplémentaires pour les investisseurs privés. En outre, le manque d'innovation financière a été identifié comme un facteur limitant tant pour les fournisseurs publics que pour le secteur privé.

Pour relever les défis auxquels sont confrontés les investisseurs dans les pays en développement et accroître les volumes de financements climatiques privés mobilisés afin de combler le déficit de financement climatique, il faudra, dans les années à venir, une réorientation plus profonde et plus radicale des portefeuilles des fournisseurs. Le partage d'expérience entre les fournisseurs pourrait contribuer à faire évoluer les comportements et à renforcer les capacités et l'expertise financières des institutions (par exemple en développant des écosystèmes d'obligations vertes pour attirer les investisseurs privés). Une information et une communication plus complètes sur les dispositifs de cofinancement faisant intervenir des financements privés seraient non seulement très utiles à l'apprentissage mutuel, mais pourraient aussi contribuer à réduire la perception de risque élevé.

Adapter l'agrégation des ressources et instruments publics et privés en fonction du contexte national, sectoriel et de risque

Graphique 19 Le graphique 19 propose une présentation stylisée de la combinaison de financements publics et privés dans différents contextes et à différents stades de développement. Dans un premier temps, le financement public a un rôle essentiel à jouer pour aider les pays en développement à créer des conditions plus propices à la mobilisation du secteur privé. Il s'agit notamment de soutenir l'élaboration et la mise en œuvre des politiques d'atténuation et d'adaptation et des mesures nécessaires pour attirer les investissements et les financements. Au fil du temps, cela peut conduire à une évolution dynamique, dans laquelle les financements et investissements privés peuvent être catalysés sur des marchés en cours de maturation sans qu'il soit nécessaire de continuer à utiliser les financements publics internationaux, permettant ainsi une mobilisation directe des financements publics vers des économies moins avancées, des technologies plus récentes et des investissements nécessitant une démonstration et une réduction des risques sur de nouveaux marchés (OCDE, 2018[41] ; OCDE, 2018[17]).

Graphique 19. Représentation stylisée de la combinaison de financements publics et privés dans différents contextes et à différents stades de développement

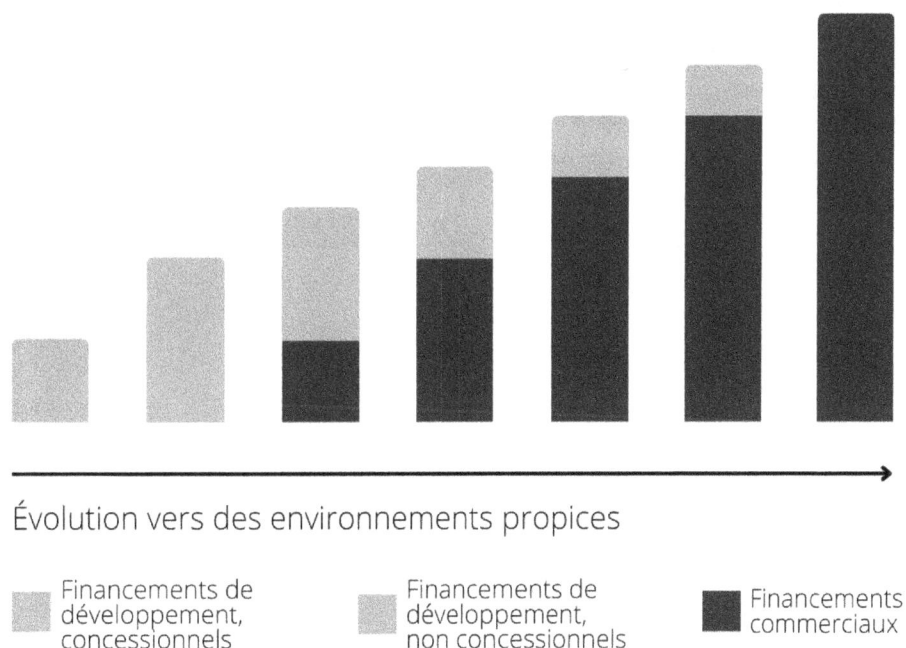

Évolution vers des environnements propices

Financements de développement, concessionnels

Financements de développement, non concessionnels

Financements commerciaux

Source : Adapté de (OECD, 2018[42]) (OCDE, 2018[42])

Toutefois, l'analyse des données fournies précédemment montrent que la combinaison de financements pour certains projets de grande envergure et d'autres opportunités d'investissement est restée largement dominée par les financements publics, laissant peu de place à la mobilisation de financements privés. Par exemple, bien que les fonds propres pour le financement de projets proviennent généralement de sources privées, le financement complémentaire par l'emprunt implique souvent des prêts syndiqués conclus par des acteurs publics du développement, tels que les BMD, les IFD bilatérales et les banques nationales de développement des pays en développement, les prêteurs privés jouant un rôle marginal ou n'étant pas du tout présents. En particulier dans les contextes présentant des risques élevés, la disponibilité de financements concessionnels peut s'avérer plus prioritaire que la recherche de co-investissements du secteur privé.

Dans ce contexte, les pays à faible revenu, les PMA et les PEID se trouveraient plus à gauche dans la représentation du Graphique 19, car ils sont généralement confrontés à davantage de contraintes pour attirer des financements et des investissements privés que les pays à revenu élevé ayant une capacité d'absorption relativement supérieure et un environnement plus favorable. Compte tenu de ces contraintes, une mobilisation accrue, qui permettrait de les faire évoluer vers la droite, serait un facteur important pour permettre une action climatique renforcée. Pour ce faire, toutefois, ils nécessiteraient davantage de soutien aux capacités de base, impliquant plus de financements publics internationaux concessionnels, afin d'accélérer les progrès dans cette direction, notamment en renforçant les capacités.

Les contraintes de capacités sont généralement exacerbées dans des pays comme les PEID, où des populations modestes et souvent dispersées signifient souvent un nombre relativement faible d'agents qualifiés travaillant dans les capacités clés, remettent en cause la capacité des pouvoirs publics à fournir des services de base et entravent la création de marchés intérieurs et d'un secteur privé d'envergure (OCDE, 2018[17]). Les fournisseurs peuvent aider les PEID et les PMA à surmonter les contraintes auxquelles ils sont confrontés. Il peut notamment s'agir de soutenir l'accès au financement climatique public, par exemple en simplifiant les procédures d'approbation de l'accès au financement de projets de petite taille et à faible risque, ou de financer l'accès à une expertise de qualité susceptible d'aider les pays à satisfaire aux exigences requises pour les propositions de projets (Caldwell et Larsen, 2021[19]).

En définitive, des mesures efficaces d'atténuation et d'adaptation au changement climatique sont prises en fonction de la situation socioéconomique de chaque pays et sont déterminées par celle-ci. L'ampleur et le type de financement climatique fourni et mobilisé varient selon les caractéristiques de chaque pays en développement. L'amélioration de l'environnement propice à l'action et à l'investissement climatiques comporte deux dimensions essentielles : des efforts visant à améliorer le cadre d'action et de réglementation, ainsi que le renforcement des capacités essentielles au niveau du pays.

Considérations relatives à la transparence, aux impacts et à l'efficacité

Pour compléter les conclusions sur le financement climatique fourni et mobilisé présentées dans OCDE (2022) et dans les chapitres précédents du présent rapport, ce dernier chapitre résume les principaux défis et opportunités liés à la mesure et à l'évaluation de l'efficacité du soutien fourni, ainsi que les informations et l'expérience disponibles à ce jour.

La mesure des niveaux de financement climatique fourni et mobilisé par les pays développés dans le contexte de l'Objectif des 100 milliards USD a été jusqu'à présent l'un des axes de travail de nombreuses parties prenantes et organisations, dont l'OCDE. Toutefois, le financement climatique étant un moyen d'atteindre un objectif, il est également important d'évaluer son efficacité à l'appui des mesures d'atténuation et d'adaptation des pays en développement. En outre, les pays développés se sont engagés à atteindre l'objectif de 100 milliards USD dans le contexte de « mesures d'atténuation concrètes et de transparence sur la mise en œuvre ». Il est essentiel de comprendre les efforts déployés par les pays en développement pour créer ce contexte, ainsi que les impacts et les utilisations du financement climatique fourni et mobilisé, pour maximiser in fine l'efficacité de ce financement.

L'efficacité du financement climatique peut être comprise comme sa capacité globale à atteindre ses objectifs déclarés. Ces objectifs déclarés peuvent varier considérablement, si bien que l'efficacité peut avoir des significations différentes selon les contextes et les communautés (OCDE, 2019[43] ; Banque mondiale, 2020[44] ; Ellis, Caruso et Ockenden, 2013[45] ; Ye Zou et Ockenden, 2016[46] ; CIF et Itad, 2020[47]). Par exemple, les spécialistes du climat et du développement peuvent souligner l'importance pour le financement climatique de répondre aux besoins urgents et immédiats des pays vulnérables au changement climatique, ce qui n'est peut-être pas une priorité pour le secteur privé. Les questions relatives aux moyens d'assurer l'efficacité du financement du développement ont été au cœur des débats internationaux sur la coopération pour le développement. Dans ce contexte, le Partenariat mondial pour une coopération efficace au service du développement, approuvé par 162 pays et territoires et auquel adhèrent 52 organisations internationales, définit quatre principes fondamentaux de ce qui constitue une coopération efficace : 1) adhésion ; 2) accent sur les résultats ; 3) partenariats ; et 4) transparence et responsabilité partagée (Partenariat mondial pour une coopération efficace au service du développement, 2011[48]).

Il n'est pas simple de mesurer l'efficacité du financement climatique fourni/mobilisé et reçu – même une fois que les objectifs déclarés ont été convenus. Cette difficulté à mesurer l'efficacité tient principalement aux limites inhérentes à l'établissement de liens de causalité entre les résultats au niveau des pays et le soutien international, car les premiers dépendent d'une multitude de facteurs différents, comme les choix stratégiques nationaux et les conditions macroéconomiques plus larges. Un autre défi majeur concerne les aspects temporels de la mesure de l'efficacité. Certaines interventions en faveur du climat donneront des résultats immédiats, tandis que d'autres aboutiront à des résultats qui se concrétiseront après un délai plus long. Il peut donc être particulièrement complexe de déterminer un point précis dans le temps pour évaluer l'efficacité des interventions de financement climatique visant des impacts à long terme (Ellis, Caruso et Ockenden, 2013[45] ; OCDE, 2019[43] ; Ye Zou et Ockenden, 2016[46]). Ce problème est particulièrement aigu lorsque le financement climatique n'est pas fourni pour produire des résultats directs, mais plutôt pour permettre aux acteurs locaux d'agir, par exemple en renforçant leurs capacités.

Malgré ces difficultés, il est possible de produire des données probantes utiles pour évaluer l'efficacité de certaines interventions d'atténuation et d'adaptation en s'appuyant sur des critères de référence et des indicateurs de performance. Les interventions d'atténuation visent généralement à réduire les émissions de GES, et plusieurs indicateurs de substitution pour mesurer l'efficacité de ces interventions sont facilement identifiables et utilisés dans de nombreux cas, par exemple les émissions de gaz à effet de serre (GES) évitées ou les tonnes de CO_2 (équivalent) réduites ou évitées. De nombreux fournisseurs publics multilatéraux et bilatéraux de financement climatique incluent désormais ces informations dans leurs rapports annuels et dans les documents d'évaluation des projets. Cependant, l'agrégation de ces informations reste difficile car les différents fournisseurs déclarent utiliser des méthodologies, des approches et des indicateurs différents.

Il est plus difficile de mesurer directement l'impact final des mesures d'adaptation, ainsi que des mesures d'atténuation axées sur des résultats immatériels comme les interventions des pouvoirs publics ou le renforcement des capacités. Il est, de ce fait, généralement évalué à l'aide d'indicateurs de résultats plus larges (Ellis, Caruso et Ockenden, 2013[45] ; OCDE, 2019[43] ; Assouyouti, 2021[49] ; Vallejo, 2017[50] ;

Lamhauge, Lanzi et Agrawala, 2013[51]). Les fournisseurs internationaux de financement climatique utilisent une série d'indicateurs dans ce contexte, notamment :

- le nombre de bénéficiaires (nombre de personnes aidées à se préparer à s'adapter, à anticiper ou à absorber les chocs et tensions liés au climat, par exemple) ;
- l'amélioration des infrastructures matérielles et des actifs (par exemple, kilomètres de routes rendues résilientes au changement climatique) ;
- l'utilisation accrue des outils, instruments et stratégies de résilience par les acteurs publics et privés.

Au-delà de ces indicateurs généraux, l'évaluation des progrès en matière d'adaptation nécessite également des indicateurs sectoriels, principalement parce que les résultats concrets de l'adaptation diffèrent selon les secteurs ou les domaines d'action. Par exemple, la Commission mondiale sur l'adaptation a proposé une série de mesures de ce type, notamment la proportion de la superficie agricole bénéficiant d'une agriculture productive et durable, la proportion de la population rurale vivant à moins de 2 km d'une route praticable toute l'année, ou encore l'amélioration de la productivité humaine face à la variabilité croissante du climat (Leiter et al., 2019[52]).

La disponibilité des données et des informations nécessaires pour mesurer l'efficacité et les progrès au regard d'indicateurs définis demeure toutefois un défi majeur. Le cadre actuel de notification de la CCNUCC, qui restera en place jusqu'en 2024 avant d'être remplacé par le Cadre de transparence renforcé de l'Accord de Paris (voir ci-après), demande aux pays ne figurant pas à l'Annexe I[17] d'inclure dans leurs rapports biennaux actualisés (RBA)[18] un certain nombre d'éléments qui peuvent être particulièrement utiles pour suivre et évaluer l'efficacité du soutien international. Ces éléments comprennent des informations sur les mesures d'atténuation mises en œuvre et leurs effets, ainsi que sur le soutien financier reçu des pays développés (CCNUCC, 2012[53]). Ces rapports réguliers sur les mesures d'atténuation mises en œuvre pourraient aider à mieux comprendre leurs impacts, par exemple sur les émissions nationales de GES. En outre, la notification au niveau des activités des informations sur le soutien financier reçu peut être particulièrement utile pour suivre l'utilisation des apports globaux de financement climatique dans un pays en développement donné.

À ce jour, les informations sur les mesures d'atténuation mises en œuvre et le soutien financier reçu ne sont que partiellement disponibles. Elles sont communiquées par les pays ne figurant pas à l'annexe I avec des niveaux de détail variables (Falduto et Ellis, 2019[54] ; Ellis et al., 2018[55]). Cela peut s'expliquer par la difficulté d'évaluer les impacts (en particulier des projets d'adaptation) et par l'absence d'obligation de déclaration pour les pays en développement au titre de la CCNUCC sur ces questions. En outre, les lignes directrices actuelles de la CCNUCC concernant l'établissement des rapports biennaux actualisés n'établissent pas de lien explicite entre la notification du soutien financier reçu et celle des mesures d'atténuation mises en œuvre, c'est-à-dire qu'elles ne donnent aucune indication sur la question de savoir si les pays en développement doivent ou devraient indiquer comment les mesures d'atténuation notifiées ont été financées (CCNUCC, 2012[53]). C'est pourquoi les RBA ne constituent pas une base complète permettant d'évaluer l'utilisation et les impacts du soutien financier au titre de la CCNUCC.

---

[17] Les Parties à la CCNUCC ne figurant pas à l'annexe I sont les pays qui ne figurent pas à l'annexe I de la Convention, et sont principalement des pays en développement. La liste des pays en développement pris en compte pour l'analyse quantitative menée dans les trois premiers chapitres de ce rapport comprend plus de pays que ceux ne figurant pas à l'annexe I.

[18] Les rapports biennaux actualisés (RBA) sont des rapports soumis par des Parties à la CCNUCC ne figurant pas à l'annexe I. Les lignes directrices relatives à l'établissement des RBA sont énoncées dans la décision 2/CP.17 (CCNUCC, 2012[53])

De nombreuses Parties non visées à l'annexe I se heurtent à d'importantes contraintes de capacités pour suivre, collecter et rassembler les informations nécessaires à la préparation des rapports au titre de la CCNUCC. Sur le terrain, le financement climatique est dirigé vers de multiples acteurs aux niveaux national et infranational. Dans la pratique, ce sont les administrations nationales qui communiquent ces informations. Cela rend le suivi détaillé particulièrement complexe et difficile en l'absence de systèmes de suivi sophistiqués (Ellis et al., 2018[55]). Si un soutien international a été apporté à certains pays en développement pour la préparation des RBA[19], de nombreux pays indiquent dans ces rapports qu'ils ne disposent pas des ressources techniques, humaines et financières nécessaires pour pouvoir compiler les informations demandées. En août 2022, 75 pays non visés à l'annexe I n'avaient pas encore soumis un RBA (CCNUCC, 2022[56]).

Le Cadre de transparence renforcé (CTR) de l'Accord de Paris, qui fournit de nouvelles lignes directrices relatives à l'élaboration des rapports aux Parties à la CCNUCC à compter de 2024, peut jouer un rôle important pour encourager les efforts déployés par les pays développés et les pays en développement en faveur de la transparence. En particulier, dans le cadre des nouvelles lignes directrices sur la notification des informations sur le soutien financier reçu, les pays en développement seront invités à inclure dans leurs rapports biennaux sur la transparence des informations sur l'état d'avancement de l'activité soutenue par le financement reçu (par ex. « en cours », « terminé », etc.), ainsi que sur ses impacts et ses résultats estimés.

Dans le même temps, il est probable que les rapports des pays en développement à la CCNUCC continueront de ne fournir qu'une image indicative et limitée du soutien reçu et de son utilisation en raison de la complexité du suivi des flux financiers, et de la nature non obligatoire de la communication de cet élément d'information dans le cadre du CTR. De nombreux pays en développement doivent développer ou renforcer leur capacité à suivre et à communiquer efficacement les informations sur le financement climatique reçu et sur la mise en œuvre des actions que ce financement soutient (CCNUCC CPF, 2021[9]). Néanmoins, ces informations, même si elles sont limitées, permettront de mieux comprendre le « contexte dans lequel s'inscrivent des mesures d'atténuation efficaces et la transparence de la mise en œuvre » de l'objectif de 100 milliards USD, et de mieux appréhender l'efficacité du financement climatique à des fins nationales et internationales. Plus généralement, les efforts accrus déployés par les fournisseurs et les bénéficiaires de financement climatique pour rendre compte de manière plus exhaustive des effets du soutien international peuvent grandement contribuer à la réalisation de ces objectifs.

Il est important de renforcer la communication d'informations sur l'utilisation, les impacts et les résultats des interventions de financement climatique, et pas seulement pour la redevabilité. Elle peut également aider à identifier les priorités des pays en développement et les défis à relever, ce qui peut à son tour contribuer à mieux cibler le soutien international pour y faire face. Dans l'ensemble, il est de plus en plus admis que l'action internationale doit aller au-delà des résultats directs, et être axée sur le soutien, la facilitation et l'accélération de la transition vers un développement à faibles émissions de gaz à effet de serre et résilient au changement climatique (OCDE/La Banque mondiale/ONU Environnement, 2018[39]), ce qui a un impact sur les méthodes d'évaluation des résultats. Les actions requises pour atteindre les objectifs de l'Accord de Paris sont intrinsèquement liées aux plans et processus de développement nationaux globaux des pays. De fait, le Programme d'action d'Addis-Abeba adopté par les Nations Unies souligne que chaque pays est responsable au premier chef de son propre développement économique et social et souligne le rôle des politiques et des stratégies de développement nationales (DAES de l'ONU, 2015[57]). Conformément à cette vision, l'intégration des considérations et politiques relatives au changement climatique des pays en développement dans les stratégies, plans et processus de développement est une condition fondamentale et un levier pour une action climatique efficace et propre aux pays (OCDE, 2019[58]).

---

[19] Notamment via le Programme-cadre du Fonds pour l'environnement mondial pour la préparation des communications nationales et des rapports biennaux actualisés à la CCNUCC.

Annex A. Données et méthodologie

Cadre méthodologique

Le cadre comptable qui sous-tend l'analyse présentée dans les trois premiers chapitres de ce rapport est cohérent avec celui utilisé pour les précédents rapports de l'OCDE. Il a été mis au point en 2015 pour estimer le financement climatique fourni et mobilisé par les pays développés à l'intention des pays en développement durant la période 2013-14. Il a ensuite servi à l'établissement des rapports (OCDE, 2019[59]), (OCDE, 2021[60]) et (OCDE, 2021[61]), qui étendent respectivement la période étudiée à 2017, 2018 et 2019 respectivement. Par ailleurs, il respecte les décisions prises à la 24e Conférence des parties à la CCNUCC – adoptées par l'ensemble des pays – eu égard aux modalités de comptabilisation des ressources financières fournies et mobilisées dans le cadre d'interventions publiques.

Le volume total des financements climatiques fournis et mobilisés par les pays développés au titre de la lutte contre le changement climatique dans les pays en développement repose sur quatre éléments distincts (Graphique A A.1) :

- Le financement climatique public bilatéral, qui correspond aux engagements financiers publics (hors crédits à l'exportation) contractés par les pays développés à l'égard des pays en développement en matière de climat. Ces engagements sont pris soit directement, soit par le truchement d'intermédiaires (ONG et société civile, réseaux, partenariats, universités et établissements de recherche, institutions privées à but lucratif et autres voies bilatérales) (flux A.1), soit encore moyennant l'affectation spéciale de crédits (extrabudgétaires) par des canaux multilatéraux (flux A.2).

- Le financement climatique public multilatéral imputable aux pays développés : il s'agit des financements climatiques fournis par les banques multilatérales de développement et les fonds multilatéraux pour le climat (flux B.2) au profit des pays en développement, ainsi que des contributions à finalité climatique versées par les pays développés aux instances multilatérales pour lesquelles on ne dispose pas de données sur les dépenses climatiques (flux B.1).

- Les crédits à l'exportation liés au climat et bénéficiant d'un soutien public : l'aide financière liée aux échanges que les organismes de crédit à l'exportation des pays développés apportent aux projets à vocation climatique dans les pays en développement (flux C).

- Les financements privés mobilisés au titre de l'action pour le climat et attribuables aux pays développés : ils regroupent les financements mobilisés auprès de sources privées dans le cadre d'interventions publiques bilatérales et multilatérales afin de financer des activités climatiques dans les pays en développement et qui peuvent être attribués aux pays développés (flux D).

Les bases de données du CAD et du GCE (OCDE), ainsi que les données sur le financement climatique communiquées par les pays à la CCNUCC, sont dynamiques, ce qui signifie qu'elles évoluent au gré des modifications et actualisations des données, tel que requis et demandé par ceux qui les fournissent.

Graphique A A.1. Illustration simplifiée de l'architecture du développement international et du financement climatique

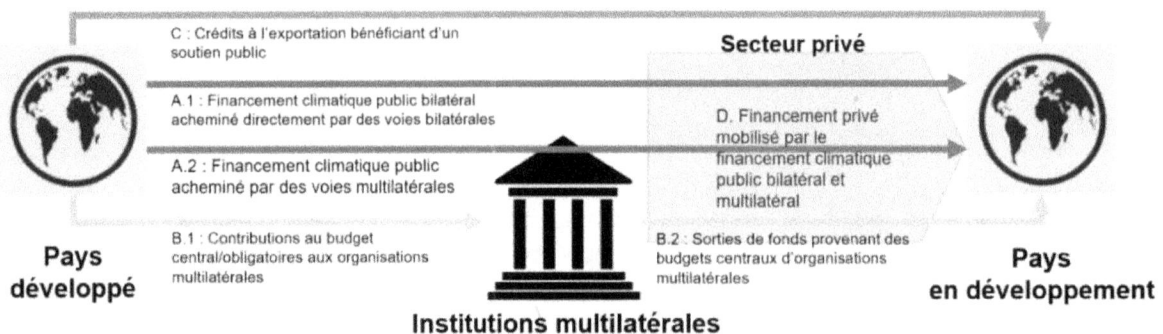

Note : Les dépenses du budget de base des organisations multilatérales et les financements qu'elles mobilisent auprès de sources privées sont uniquement corrigés de la part attribuable aux pays développés.
Source : Auteurs

Financement climatique public bilatéral émanant des pays développés

La composante bilatérale du financement climatique comprend les engagements financiers annuels ou les versements pour 2013-2020 des pays développés aux gouvernements des pays en développement, ainsi qu'aux ONG, aux instituts de recherche, au secteur privé, aux réseaux et aux partenariats public-privé opérant dans les pays en développement. Le financement considéré comme « financement climatique bilatéral » exclut toutes les formes de financement des crédits à l'exportation afin d'éviter un double comptage avec la composante séparée « crédits à l'exportation ». Il exclut également les éventuels financements liés au charbon. À l'exception des États-Unis, les données sur le financement climatique bilatéral excluent également les garanties pour le développement, qui sont par contre comptabilisées pour leur effet de mobilisation au titre de la composante « financement privé mobilisé ».

Source des données et couverture géographique

Les données sur le financement climatique bilatéral proviennent en principe du tableau 7(b) du « modèle de tableau commun » (Common Tabular Format – CTF) que les pays remettent à la CCNUCC en accompagnement de leurs rapports biennaux à la CCNUCC (Annexe I). Les cinquièmes rapports biennaux (BR5), couvrant les années 2019 et 2020, devaient en principe être soumis le 1er janvier 2022. Toutefois, au moment de l'analyse des données et de la rédaction du présent rapport, ces données n'étaient pas encore disponibles en raison de retards dans la notification officielle à la CCNUCC.[20] Aussi, pour 2019 et 2020, les données sur le financement climatique public bilatéral proviennent des sources suivantes :

- Pour chaque État membre de l'Union européenne, les données proviennent des informations rendues publiques chaque année par la Commission européenne en vertu du Règlement sur le mécanisme de suivi de l'UE (pour les données de 2019) et du Règlement de l'UE sur la gouvernance de l'union de l'énergie et de l'action pour le climat (pour les données de 2020).

---

[20] La Décision 6/CP.25, adoptée à la COP25, modifie la date limite de soumission des cinquièmes rapports biennaux par les Parties visées à l'annexe I. En conséquence, le cinquième RB à la CCNUCC, qui comprend les données sur le financement climatique pour 2019 et 2020, doit être communiqué « dès que la date limite de soumission de l'inventaire annuel des GES pour l'année d'inventaire 2020 est communiquée à la CCNUCC (15 avril 2022, par exemple), mais au plus tard le 31 décembre 2022 (CCNUCC, 2020[70])».

Certains États membres de l'Union européenne ont plutôt communiqué des données ponctuelles à l'OCDE, en raison de différences méthodologiques entre leurs notifications à la CCNUCC et leurs notifications au titre des règlements de l'UE.

- Pour tous les autres pays développés et l'Union européenne proprement dite, les données pour 2019 et 2020 ont été transmises à l'OCDE avant d'être officiellement notifiées à la CCNUCC.

Considérations méthodologiques

Si les pays visés à l'Annexe II sont tenus de notifier les apports bilatéraux de financement climatique à la CCNUCC en utilisant un format commun (c'est-à-dire le tableau 7(b) du CTF), le fait de travailler en profondeur avec les données notifiées pour le présent rapport permet de mettre en évidence d'importantes incohérences en termes de méthodologies, de catégorisation et de définitions adoptées par les pays. Si la plupart des membres du CAD de l'OCDE fondent leur notification à la CCNUCC sur les données relatives au financement du développement lié au climat qu'ils communiquent au CAD de l'OCDE, les données sur le financement climatique bilatéral notifiées à la CCNUCC ne sont ni aussi détaillées (moins de champs de données) ni aussi normalisées que les données notifiées au système statistique du CAD de l'OCDE (une certaine marge de manœuvre est autorisée). L'annexe C analyse plus avant cette question.

On observe que les notifications de financements climatiques à la CCNUCC varient selon les pays dans trois grands domaines qui ont un impact significatif sur le montant notifié :

- **Conversion des monnaies** : Les chiffres présentés dans ce rapport reposent sur des données communiquées en USD par les pays, lorsqu'elles sont disponibles. Les taux de change utilisés pour estimer les montants en USD varient d'un pays à l'autre, même si la grande majorité utilise le « taux de change moyen annuel vis-à-vis du dollar pour les membres du CAD ». Lorsque les pays ont communiqué le montant des financements climatiques dans une autre monnaie, ces montants ont été convertis en utilisant le « taux de change moyen annuel vis-à-vis du dollar pour les membres du CAD ».

- **Engagements et versements** : Les pays peuvent notifier soit les engagements financiers, soit les versements à la CCNUCC. La plupart choisissent de rendre compte soit des financements « décaissés », soit des financements climatiques « engagés ». Toutefois, un nombre limité de pays combinent les deux, en fonction de l'instrument financier. Par conséquent, les chiffres du financement climatique bilatéral présentés dans ce rapport sont basés sur des données concernant des engagements (majoritaires) et à des versements (minoritaires). L'échange d'informations avec les pays et les demandes ponctuelles de précisions ont permis d'éviter un double comptage pour les pays qui ont communiqué les deux types de données. Globalement, les données relatives aux décaissements concernent presque exclusivement les dons.

- **Montants spécifiques au climat** : Le tableau 7(b) du CTF exige des pays qu'ils communiquent des informations sur le montant d'une contribution spécifique au climat ; c'est la part d'une contribution qui cible spécifiquement le changement climatique. Les pays adoptent différentes approches pour calculer le montant spécifique au climat d'une contribution (voir l'annexe C pour plus de détails).

Harmonisation des données et contrôles de qualité

Les lignes directrices de la CCNUCC pour la communication d'informations financières par les Parties visées à l'annexe I de la Convention (décision 9/CP.21) et les notes de bas de page du tableau 7(b) du CTF donnent aux pays des indications limitées sur la manière de remplir les tableaux du CTF. Chaque paramètre de notification du tableau 7(b) comprend une liste de catégories normalisées (étiquettes) que les pays de l'Annexe I peuvent utiliser pour notifier différents aspects d'une contribution.

Toutefois, les étiquettes de données et les descriptions utilisées varient considérablement d'un pays à l'autre, en particulier pour les destinataires et les secteurs. Aux fins du présent rapport, et pour permettre une agrégation et une analyse pertinentes des données, il a fallu harmoniser les données sur le financement climatique bilatéral fournies par les pays de l'Annexe I dans les tableaux du CTF concernés et les recoder en un ensemble de catégories définies. Il s'agit :

- **Source de financement :** Les étiquettes figurant dans le tableau 7(b) comprennent : APD, AASP et autres. L'utilisation de ces étiquettes varie peu d'un pays à l'autre. Lorsque les pays notifient une contribution sous la forme d'une combinaison d'APD et d'AASP, ou sous la forme « autre », un échange d'informations a lieu avec les pays donneurs afin de préciser la source.

- **Instruments financiers :** Les étiquettes des instruments financiers figurant dans le tableau 7(b) sont les suivantes : don, prêt concessionnel, prêt non concessionnel, prise de participation, et autres. Un certain nombre de pays ont utilisé des sous-variantes de ces catégories, par exemple. « prêt syndiqué », « bonification d'intérêts », etc. Les instruments financiers ont été recodés en fonction de la classification des prêts, dons, prises de participation, crédits à l'exportation et garanties de développement.

- **Type de financement** : Les catégories de financement présentées dans le tableau 7(b) sont les suivantes : l'atténuation, l'adaptation et les mesures transversales. Les étiquettes utilisées ne présentent aucun écart entre les pays, et aucun travail d'harmonisation supplémentaire n'a été nécessaire.

- **Secteurs :** Les catégories sectorielles présentées dans le tableau 7(b) sont les suivantes : énergie, transports, industrie, agriculture, foresterie, eau et assainissement, activités transversales et autres. La plupart des pays font toutefois état de secteurs présentant un niveau de granularité plus élevé. Afin de faciliter la comparabilité avec les autres composantes du financement climatique incluses dans ce rapport, les secteurs ont été recodés au niveau de granularité le plus élevé disponible de manière à correspondre à la classification sectorielle normalisée du CAD. On observe d'importantes variations dans l'utilisation des étiquettes sectorielles.

- **Bénéficiaires** : Le champ de notification du CTF « pays/région/projet/programme bénéficiaire » ne comprend pas d'étiquettes normalisées à utiliser par les pays. En raison de la portée étendue de ce paramètre de notification, on observe d'importantes disparités entre les pays en termes de format de notification, de niveau de détail et de formulation. Les pays bénéficiaires ont été requalifiés en régions ou sous-régions lorsque plusieurs pays appartenant à la même zone géographique ont été répertoriés pour une seule contribution.

Pour un certain nombre d'observations, il n'a pas été possible d'harmoniser et de coder à nouveau les secteurs et les bénéficiaires. Le pays et/ou secteur bénéficiaire de ces contributions a été marqué comme « non spécifié » dans l'une ou l'autre catégorie. Ce fut le cas pour un certain nombre de contributions pour lesquelles on ne disposait pas de données au niveau des activités. Par exemple, un certain nombre de contributions ont été classées comme étant destinées à une liste de plusieurs pays (spécifiés) appartenant à des zones géographiques et/ou secteurs différents. Dans ces cas, et comme les pays ne l'ont pas précisé, il n'a pas été possible d'évaluer quelle part de la contribution ciblait chaque bénéficiaire/secteur.

En ce qui concerne les contributions préaffectées (c'est-à-dire multi-bilatérales) destinées à des organismes des Nations Unies, des ONG et des OIG, il n'existe pas de lignes directrices CCNUCC communément acceptées indiquant si ces contributions doivent être notifiées dans les tableaux 7(a) ou 7(b) du CTF. Lorsque ces contributions ont été notifiées dans le tableau 7(a), elles ont été incluses dans les chiffres du financement climatique bilatéral. Pour ces contributions, les bénéficiaires ont été désignés comme « global/non alloué ».

Possibilités de faciliter et d'améliorer l'analyse de données

Si la normalisation des rapports entre les pays concernant l'état et le type de financement, les instruments financiers et les sources de financement s'est considérablement améliorée au fil du temps, un certain nombre de difficultés liées à la notification des bénéficiaires et des secteurs continuent de faire obstacle à l'analyse des données. Pour améliorer la transparence de la notification et faciliter l'analyse des données, ainsi que pour limiter le risque d'erreurs, il serait utile que les pays communiquent des informations sur le financement climatique bilatéral dans un format qui puisse être facilement lu et traité par un ordinateur (« lisible par ordinateur »), ce qui limiterait la nécessité de tâches manuelles dans le contexte de l'harmonisation des données. À cette fin, comme l'a analysé plus en détail le Groupe d'experts OCDE/AIE sur le changement climatique (Falduto et Ellis, 2019[54]), il serait utile de veiller à ce que :

- Les données sont notifiées, dans la mesure du possible, selon des étiquettes normalisées requises par les tableaux du CTF.

- Les pays et/ou régions bénéficiaires sont indiqués dans un champ de données dédié, séparément de l'intitulé du projet et du programme. Étant donné que cette option de notification n'est pas possible dans les tableaux du CTF actuels, l'inclusion du nom d'un pays au début d'une chaîne de texte (par exemple dans le champ « Pays/région/projet/programme bénéficiaire ») faciliterait l'identification et l'isolement du bénéficiaire à des fins d'analyse des données.

- Les données sont communiquées, le cas échéant, au niveau des activités. Cela implique d'éviter de déclarer les contributions agrégées, par exemple, par organisme payeur.

Financement climatique public multilatéral imputable aux pays développés

La composante « financement public multilatéral » regroupe les engagements pris par les banques de développement multilatérales (BDM), les fonds multilatéraux pour le climat et d'autres organisations multilatérales, qui sont financés sur leurs ressources de base (parfois appelées « ressources ordinaires en capital »). Ils sont ensuite attribués aux pays développés (voir Tableau A A.1 ci-dessous).

Sont exclues de la composante « public multilatéral » les dépenses des fonds et programmes d'affectation spéciale qui sont administrés par des organisations multilatérales. Les apports à ces fonds et programmes sont considérés comme des financements climatiques bilatéraux des pays fournisseurs et sont, en principe, notifiés dans les tableaux du CTF soumis à la CCNUCC et pris en compte dans la présente analyse dans la composante « financement public bilatéral ». Des travaux sont en cours dans le cadre du Soutien public total au développement durable (TOSSD) pour produire, entre autres, des données au niveau des activités sur les sorties de fonds (y compris en lien avec le climat) des fonds fiduciaires et autres structures similaires gérés par des organisations multilatérales. Cela pourrait améliorer la granularité des analyses futures. Les chiffres présentés ici incluent par ailleurs les contributions (apports) versées par les pays développés aux organisations multilatérales pour lesquelles on ne dispose pas, à l'heure actuelle, de données uniformisées sur les dépenses de financement climatique. Il s'agit, en particulier, des institutions spécialisées des Nations Unies, telles que le PNUD ou le PNUE.

La composante « financement climatique public multilatéral » regroupe l'ensemble des modalités et instruments financiers qui constituent les flux de financement de long terme : dons, prises de participation, financement mezzanine/hybride et instruments de dette dont la maturité est supérieure à un an. En sont exclues les opérations sur la dette à court terme (en particulier, les opérations de financement du commerce à court terme). Pour éviter la double comptabilisation d'autres composantes du financement climatique, les garanties multilatérales et autres engagements conditionnels non provisionnés sont présentés dans la rubrique des financements privés mobilisés s'ils couvrent des financements privés. Elles sont exclues dans le cas où elles couvrent des financements publics, là encore, afin d'éviter un double comptage.

Source des données et couverture géographique

Les données relatives aux dépenses du budget de base des organisations multilatérales proviennent des données uniformisées sur le financement du développement collectées aux fins des statistiques du CAD de l'OCDE (SNPC) et du TOSSD, à l'aide d'un modèle consolidé SNPC-TOSSD. Le champ d'étude géographique des données sur les dépenses multilatérales se limite aux pays et territoires figurant dans la liste des bénéficiaires de l'APD établie par le CAD (OCDE, 2022[62]). Comme illustré dans la section ci-après sur les groupes de pays, cette liste correspond en grande partie, sans y être identique à celle des parties à la CCNUCC qui ne figurent pas à son annexe I. S'agissant des organisations multilatérales actives dans des pays non visés à l'annexe I qui ne figurent pas dans la Liste des bénéficiaires de l'APD établie par le CAD, l'ensemble de données SNPC-TOSSD est complété par des données pertinentes au niveau des activités provenant des rapports annuels, des bases de données en ligne des fournisseurs et de l'Initiative internationale pour la transparence de l'aide (IITA).

Les sorties de fonds multilatérales notifiées à l'aide du modèle SNPC-TOSSD comprennent une série de catégories statistiques. Les données uniformisées ainsi fournies peuvent notamment concerner les bénéficiaires, les secteurs, les instruments, ainsi que les voies et modalités d'exécution (par exemple, projets ou assistance technique), et le thème climatique le cas échéant. Elles ont été amplement exploitées dans les analyses détaillées nécessaires à l'élaboration du présent rapport.

S'agissant les organismes multilatéraux pour lesquels on ne dispose pas de données sur les dépenses au niveau des projets, comme indiqué précédemment, l'analyse se fonde sur les apports déclarés par les parties visées à l'annexe I dans le tableau 7(a) de leurs rapports biennaux à la CCNUCC. Dans ces cas, la seule information disponible était le thème climatique, c'est-à-dire que les volumes correspondants sont étiquetés comme « non alloués » en ce qui concerne d'autres dimensions analytiques telles que le secteur et la géographie.

Considérations méthodologiques

La notification des apports multilatéraux au moyen du modèle SNPC-TOSSD repose sur des définitions et des normes statistiques. L'ensemble de données ainsi obtenu est plus cohérent que celui de la CCNUCC sur le financement climatique bilatéral, en particulier en ce qui concerne l'instant considéré (connaissance de tous les engagements), la conversion monétaire et les nomenclatures sectorielles. En revanche, pour ce qui concerne le suivi du financement climatique, les organisations multilatérales produisent des rapports en utilisant deux méthodes différentes :

- Les méthodes employées par les BMD pour suivre le financement de l'atténuation et de l'adaptation (Groupe des banques multilatérales de développement (BMD), 2021[6]). Bien que par nature fondamentalement différentes, ces deux méthodes visent à chiffrer dans quelle mesure chaque activité favorise l'adaptation et/ou l'atténuation ou y contribue (composantes « multilatérales » du financement climatique), selon le cas : La méthode permettant de suivre le financement de l'adaptation y parvient en mettant en évidence le coût différentiel des activités d'adaptation ; Celle concernant le financement de l'atténuation repose sur une liste d'activités « bénéfiques » qui abaissent les émissions de gaz à effet de serre (GES) et sont compatibles avec un développement à faibles émissions.

- La méthodologie des marqueurs Rio (OCDE-CAD, 2016[63]) : À l'origine, seuls les membres du DAC l'employaient, mais de nombreux fonds multilatéraux pour le climat (par exemple, Fonds pour l'adaptation, FEM, Fonds nordique de développement) se sont inspirés des marqueurs de Rio dans leurs déclarations d'activité liées au climat concernant la période étudiée dans le présent rapport.

Sur le plan méthodologique, les chiffres du financement climatique public multilatéral ont pour particularité de reposer uniquement sur la part des engagements climatiques multilatéraux attribuables aux pays développés. En règle générale, les institutions multilatérales sont financées par les contributions de base que versent des pays développés et en développement. Celles qui se fondent sur un modèle financier se servent de ces contributions pour lever des fonds complémentaires sur les marchés de capitaux.

D'où la nécessité de disposer d'une méthode particulière qui permette de calculer, pour chaque institution, la part de ses dépenses attribuables aux pays développés, le reste étant attribuable aux pays en développement. À cet effet, il est tenu compte des chiffres les plus récents et historiques des contributions nationales à la reconstitution des ressources et, le cas échéant, de la capacité des institutions à lever des fonds sur les marchés de capitaux (OCDE, 2019[64]). Les pourcentages ainsi obtenus figurent dans le Tableau A A.1. Ils sont également appliqués aux montants mobilisés auprès du secteur privé dans le cadre d'initiatives d'organismes multilatéraux.

Tableau A A.1. Part du financement climatique multilatéral attribuable aux pays développés

Type d'institution	Nom de l'institution	Abréviation	2015	2018	2020
Banques multilatérales de développement	Banque africaine de développement	BAfD	59.0 %	56.4 %	61.2 %
	Fonds africain de développement	FAfD	94.0 %	93.6 %	93.4 %
	Banque Asiatique de développement	BAsD	71.0 %	71.4 %	71.6 %
	Fonds d'affectation spécial de la Banque asiatique de développement	AsDF	96.0 %	95.2 %	S.O.
	Credit Guarantee and Investment Facility de la Banque asiatique de développement	CGIF	S.O.	S.O.	42.8 %
	Banque asiatique d'investissement pour l'infrastructure	BAII	S.O.	27.3 %	28.6 %
	Banque de commerce et de développement de la mer Noire	BSTDB	S.O.	S.O.	44.2 %
	Banque de développement des Caraïbes	BDC	S.O.	34.6 %	34.6 %
	Banque centraméricaine d'intégration économique	BCIE	S.O.	S.O.	5.2 %
	Banque de développement du Conseil de l'Europe	CEB	S.O.	93.7 %	93.7 %
	Société andine de développement	SAD	S.O.	4.6 %	4.8 %
	Banque européenne pour la reconstruction et le développement	BERD	89.0 %	91.4 %	91.4 %
	Banque européenne d'investissement	BEI	99.0 %	100.0 %	100.0 %
	Banque internationale pour la reconstruction et le développement	BIRD	70.0 %	69.9 %	71.3 %
	Association internationale de développement	IDA	95.0 %	95.9 %	95.9 %
	Banque interaméricaine de développement	BIAD	74.0 %	73.6 %	73.9 %
	Fonds d'affectation spécial de la Banque interaméricaine de développement		73.0 %	72.5 %	S.O.
	IDB Invest	IDB Invest	S.O.	33.6 %	34.4 %
	Société financière internationale	SFI	64.1 %	65.4 %	65.4 %
	Banque internationale d'investissement	BII	S.O.	52.2 %	51.7 %
	Agence multilatérale de garantie des investissements	AMGI	64.3 %	66.1 %	66.2 %
	Banque Nord-Américaine De Développement	NADB	S.O.	S.O.	63.2 %
	Private Infrastructure Development Group	PIDG	S.O.	99.5 %	99.5 %
Fonds climatiques multilatéraux	Fonds pour l'adaptation	FA	100.0 %	100.0 %	100.0 %
	Fonds d'investissement pour le climat	FIC	100.0 %	99.0 %	99.9 %
	Caisse du Fonds pour l'environnement mondial	FEM	98.0 %	98.0 %	97.6 %
	Fonds pour les pays les moins avancés du Fonds pour l'environnement mondial	FEM - FPMA	100.0 %	100.0 %	100.0 %
	Fonds spécial pour les changements climatiques du Fonds pour l'environnement mondial	FEM - FSpCC	100.0 %	100.0 %	100.0 %
	Fonds vert pour le climat	FVC	S.O.	99.6 %	99.0 %
	Fonds international pour le développement de l'agriculture	FIDA	S.O.	74.2 %	71.0 %
	Fonds nordique de développement	FND	100.0 %	100.0 %	100.0 %

Note : Les pourcentages de l'année 2015 sont appliqués aux données relatives aux sorties de financements climatiques multilatéraux de 2013, 2014 et 2015. Les pourcentages de l'année 2018 sont appliqués aux données de 2016, 2017 et 2018, et ceux de 2020 à 2020. Pour certaines institutions multilatérales, les chiffres de 2015 et 2018 ont été ajustés par rapport à ceux utilisés précédemment, afin de tenir compte des mises à jour rétroactives des données (voir le tableau A A.4).

Note 2 : La fusion du compte des ressources ordinaires en capital (ROC) de la BAsD et du compte des opérations de prêt du Fonds asiatique de développement, et le transfert des actifs BIAD-FOS vers BIAD-ROC a pris effet début 2017. Les apports de financements climatiques du FVC, d'IDB Invest (anciennement Société interaméricaine d'investissement, IIC) et de la Banque asiatique d'investissement dans les infrastructures ont pour la première fois été comptabilisés dans les statistiques du CAD de l'OCDE en 2015, 2016 et 2017, respectivement. Les sorties de financements climatiques du FIDA, de la BCE et de la SAD ont été prises en compte pour la première fois dans les chiffres actuels en 2018, et celles de la BSTDB, de la BCAIE, de la Banque nord-américaine de développement et du PIDG en 2020 (le financement climatique lié à ces institutions a été comptabilisé soit au point d'entrée, soit n'a pas été pris en compte du tout).

Source : calculs de l'OCDE, d'après les rapports annuels et sites web des institutions concernées.

Considérations de transparence

En principe, les données SNPC-TOSSD que les organisations multilatérales communiquent, y compris celles qui touchent le climat, sont recueillies et publiées au niveau des activités. Toutefois, certaines institutions sont confrontées à des contraintes persistantes en matière de confidentialité, notamment pour les projets du secteur privé, ce qui nuit à la transparence du financement du développement et du financement climatique. Bien que des progrès aient été accomplis et que davantage de données deviennent disponibles au fil du temps, certaines BMD continuent de choisir d'anonymiser ou d'agréger leurs données. Par exemple, les données de la SFI sur le financement climatique continuent d'être consultées dans une salle de données virtuelle accessible à un nombre limité de membres du personnel de l'OCDE, et seuls les agrégats par pays bénéficiaire, secteur et domaine climatique sont exportés pour une utilisation ultérieure. Cette titrisation des données vient s'ajouter aux accords de non-divulgation signés entre la SFI et l'OCDE. Des travaux sont en cours pour rationaliser encore cette pratique de communication des données. Toutefois, la communication de données au niveau des activités est non seulement un mécanisme essentiel de transparence et de redevabilité, mais aussi une condition préalable à la réalisation d'une assurance qualité des données de base par l'OCDE.

De manière plus générale, l'ensemble de la communauté internationale gagnerait à ce que les données sur le financement climatique des BMD soient plus transparentes. Si les BMD informent l'OCDE de leurs sorties de fonds selon les normes statistiques du CAD, depuis 2013 elles publient également leurs chiffres de financement climatique dans des rapports annuels conjoints dédiés à cette question (OCDE, 2019[64]). Pour la plupart des BMD, la base comptable employée à cet effet diffère de celle définie par le CAD de l'OCDE, par exemple en ce qui concerne l'instant considéré, la couverture géographique et/ou le champ d'application des instruments. Les rapports conjoints des BMD visent à présenter leurs résultats aux actionnaires et non à fournir des statistiques internationales utiles aux travaux de la CCNUCC. C'est pourquoi, à l'heure actuelle, les BMD ne publient pas les ensembles de données au niveau de l'activité qui servent de fondement à leurs rapports conjoints, ce qui rend difficile de comparer ou même de rapprocher les données consignées dans la base de données du CAD de l'OCDE. Globalement, dans un souci d'harmonisation et de comparabilité, il est crucial de communiquer des données transparentes et détaillées à l'OCDE.

Crédits à l'exportation liés au climat accordés par les pays développés

Les crédits à l'exportation bénéficiant d'un soutien public constituent la troisième composante étudiée dans le rapport. Bien qu'ayant pour but premier de soutenir les exportations nationales et de faciliter le commerce extérieur, ils peuvent également concourir à l'action pour le climat en favorisant la mise en œuvre de projets propices à l'atténuation du changement climatique ou à l'adaptation.

Il existe deux sources de données sur les crédits à l'exportation liés au climat :

- La première, et de loin la plus importante, est la base de données du Groupe sur les crédits à l'exportation (GCE) de l'OCDE, qui contient les données sur les opérations au niveau des activités dont font état les organismes de crédit à l'exportation (OCE). Les statistiques du GCE portent sur deux grands types d'opération : l'octroi direct de prêts par les OCE et les prêts privés garantis (ou assurés) par les OCE. Dans les deux cas, on s'intéresse à la valeur nominale et brute. Surtout, la base de données du GCE traite uniquement des crédits à l'exportation assortis d'un délai de remboursement de deux ans ou plus qui ont été octroyés conformément à l'Arrangement sur les crédits à l'exportation bénéficiant d'un soutien public (OCDE, 2022[65]). Pour ce rapport, les données provenant de la base de données du GCE n'intègrent que les opérations ciblant explicitement des projets liés aux énergies renouvelables, à l'atténuation du changement climatique et à l'adaptation, et à l'eau. Dans la pratique, ces données ne concernent quasiment que des opérations liées aux énergies renouvelables.

- Certains pays soutiennent aussi les exportations autrement qu'au titre de l'Arrangement, ce qui n'apparaît donc pas dans la base de données du GCE. En ce qui concerne 2016-20, huit pays ont communiqué ces données complémentaires : Autriche, Canada, Espagne, États-Unis, Italie, France, Japon et Suisse. Ils les ont communiquées en une fois directement à l'OCDE dans le cadre de l'établissement du présent rapport, ou en incluant les crédits à l'exportation dans leur rapport biennal sur le financement climatique destiné à la CCNUCC. Les données ainsi communiquées concernaient principalement les énergies renouvelables et, dans quelques cas seulement, les secteurs de l'eau et de l'assainissement, des transports, des télécommunications et de l'agriculture. Le cas échéant, il n'a pas été tenu compte des opérations de crédit à l'exportation en relation avec le charbon.

Pour qu'elles ne soient pas comptabilisées deux fois, toutes les données sur les crédits à l'exportation qui ont été rendues disponibles aux fins du présent rapport ont été soigneusement examinées, vérifiées par recoupement et ramenées à une base nette. Ainsi, les activités de crédit à l'exportation communiquées par les pays à la CCNUCC dans le cadre des Rapports biennaux ont été exclues de la composante « bilatérale » du financement climatique et incluses dans la composante « crédits à l'exportation » uniquement si elles ne figuraient pas déjà dans la base de données de l'OCDE sur les crédits à l'exportation.

S'agissant des considérations méthodologiques d'ordre général, les données sur les crédits à l'exportation sont recueillies sur la base des engagements. En outre, les données tirées de la base de données du GCE sont converties en USD à partir du taux de change mensuel moyen correspondant au mois où l'engagement a été pris.

Financements privés mobilisés par les pays développés

Cette quatrième et dernière composante rend compte des financements privés mobilisés par les financements climatiques publics bilatéraux et multilatéraux. La méthodologie qui sous-tend l'ensemble de données permet de ne prendre en compte que les financements privés spécifiquement mobilisés par les interventions des pays développés et attribuables à ces interventions, et d'éviter le double comptage parmi les fournisseurs publics de financement climatique lorsqu'ils mobilisent conjointement des financements privés.

Source et périmètre des données

Conformément aux instructions des ministres du développement, le CAD de l'OCDE a élaboré une norme internationale à appliquer pour établir le volume des fonds mobilisés auprès du secteur privé dans le cadre d'interventions publiques de financement du développement, notamment pour le climat. La tâche a été réalisée en collaboration avec le Réseau de recherche collaborative sur le suivi du financement climatique, piloté par l'OCDE, et en coopération étroite avec des experts d'institutions bilatérales et multilatérales de financement du développement, des organismes d'aide et des ministères concernés, ainsi qu'avec des BMD et autres organisations multilatérales. À la lumière de plusieurs années et de cycles successifs de recherche, de consultation des parties prenantes, d'enquêtes et de développements méthodologiques, la méthodologie est considérée comme exhaustive. Depuis 2017, les collectes de données sur la mobilisation de financements privés sont pleinement mises en œuvre dans le cadre des cycles de notification réguliers du SNPC, ainsi que dans le cadre du TOSSD depuis 2019.

Le champ d'application de la méthode retenue par le CAD de l'OCDE pour mesurer les montants mobilisés auprès du secteur privé inclut les principaux mécanismes employés par les bailleurs de fonds en faveur du développement, sous la forme de prêts syndiqués, de garanties, de lignes de crédit, d'investissements directs dans des sociétés ou des structures à vocation spéciale, de participations dans des organismes de placement collectif (OPC) et d'accords de cofinancement simple. Des travaux sont en cours pour élaborer des critères et des orientations afin d'inclure certaines activités d'assistance technique dans la mesure.

Pour éviter leur double comptabilisation lorsque plusieurs financeurs publics investissent aux côtés du secteur privé, la méthodologie attribue les montants mobilisés suivant une approche par instrument qui tient compte du rôle (par exemple, arrangeur de prêts syndiqués) et de la position (dans la hiérarchie des investisseurs) de chaque acteur public. De plus, par principe, les méthodes de mobilisation tiennent compte du rôle de chacun des acteurs publics impliqués, qu'il s'agisse d'organismes publics internationaux ou nationaux (des banques nationales de développement, par exemple).

Conformément aux données qui ont servi de fondement aux chiffres des financements climatiques mobilisés auprès de sources privées que l'OCDE a publiés en 2016 et 2017 (OECD, 2019[1]), la quasi-totalité des parties à l'Annexe I (membres du CAD et non membres concernés) et des organismes multilatéraux qui travaillent avec le secteur privé communiquent les données sur leurs mobilisations à l'OCDE (statistiques sur le financement du développement).

Tableau A A.2. Mécanismes et instruments employés par le CAD de l'OCDE pour mesurer le financement privé mobilisé

Mécanisme de mobilisation	Définition, utilisation et finalité	Instruments financiers types utilisés par les fournisseurs de financement public	Financement privé mobilisé typique
Prêts syndiqués	Les prêts syndiqués sont des prêts accordés par un groupe de prêteurs (le « syndicat ») qui s'associent pour mettre des fonds à la disposition d'un emprunteur unique. Ils sont souvent employés pour fournir des liquidités sous forme de prêts à des structures ad hoc de financement de projets (souvent pour mettre en œuvre des projets d'infrastructure de grande envergure) ou à d'autres emprunteurs, tels que des institutions ou entreprises financières locales.	Prêts standard, prêts participatifs	Prêteurs privés participant à la syndication de prêts.
Garanties	Une garantie est un accord juridiquement contraignant selon lequel le garant accepte de payer tout ou partie du montant dû sur un prêt, une prise de participation ou un autre instrument en cas de non-paiement par le débiteur ou, s'il s'agit d'un investissement, en cas de perte de valeur.	Garanties et autres engagements conditionnels non provisionnés	Investissements en capital-investissement et prêts à des structures ad hoc et à des entreprises, ainsi qu'à des portefeuilles d'institutions financières locales privées.
Parts dans des OPC	Les parts dans des organismes de placement collectif (OPC) correspondent à des investissements dans des organismes de placement collectif, tels que des fonds et mécanismes d'investissement, qui utilisent généralement ces financements pour favoriser le développement des PME locales.	Investissements sous forme de prises de participation, prêts et financements mezzanine (rarement)	Investissements privés dans les OPC.
Investissement direct dans des sociétés et structures ad hoc	Dans le contexte du financement de projets, ce mécanisme fait référence à la mobilisation d'investissements privés dans des structures ad hoc qui ne sont pas couvertes par des garants publics et ne font pas partie d'un prêt syndiqué. Au-delà du financement de projets, l'investissement direct dans les entreprises désigne les prêts, les financements mezzanine et les prises de participation dans des entreprises aux côtés d'investisseurs privés afin de fournir des liquidités à des fins d'expansion.	Prises de participation, financement mezzanine, prêts standard, obligations et autres instruments de dette	Dans le contexte du financement de projets : les opérations de capital-investissement ou le financement par emprunt privé dans des structures ad hoc (si ce n'est par des prêts syndiqués). Au-delà du financement de projets : financement privé par emprunt (non syndiqué) et prises de participation dans des entreprises.
Lignes de crédit	Les lignes de crédit correspondent à un montant de crédit permanent qui peut être utilisé par les emprunteurs (généralement des institutions financières locales) à des fins de rétrocession, principalement à des PME. En général, les emprunteurs sont invités à compléter les investissements des prêteurs sur leurs propres ressources. Dans certains cas, les PME locales et les autres emprunteurs finals sont invités à accroître leurs fonds propres lorsqu'ils utilisent le crédit.	Prêts standard, prêts participatifs	Fonds complémentaires fournis par des institutions financières locales privées et, dans certains cas, prises de participation dans les emprunteurs finals (si nécessaire).
Cofinancement simple	Les dispositifs de cofinancement simple désignent divers partenariats d'entreprises, programmes B2B, enquêtes auprès des entreprises, programmes de mise en relation, cofinancement de projets spécifiques et dispositifs similaires dans le cadre desquels des apporteurs publics octroient des financements en cofinancement avec le secteur privé. Il s'agit généralement de subventions publiques.	Dons standard, prêts standard	Cofinancement privé de projets spécifiques sur le terrain ou dans le cadre de partenariats d'entreprises.

Source : statistiques du Comité d'aide au développement de l'OCDE.

Considérations méthodologiques

Il peut être plus ou moins difficile de mesurer et de notifier les financements privés mobilisés en fonction du mécanisme. Les lignes de crédit et les parts dans les OPC font intervenir des intermédiaires financiers. C'est pourquoi il peut être difficile de déterminer la pertinence climatique des investissements en aval, car les informations sur l'utilisation effective des financements en aval sont limitées au moment de l'intervention de financement public. En revanche, les informations sur l'orientation climatique des activités sans intermédiaire, comme l'investissement direct dans des entreprises et des structures ad hoc, les garanties d'investissement, les prêts syndiqués pour des projets d'infrastructure ou les dispositifs de cofinancement simple, sont généralement disponibles au stade de l'engagement de l'intervention de financement public.

Dans la majorité des cas, le point de mesure de la mobilisation de financements privés est le moment où les informations sont mises à la disposition de tous les cofinanceurs dans le cadre de projets individuels, par exemple au stade de l'engagement ou de la clôture financière. Pourtant, l'incidence, en termes de mobilisation, des participations dans des organismes de placement collectif et de l'investissement direct dans des sociétés peut s'étendre sur une période plus ou moins longue, qui exige parfois une déclaration individuelle de chaque versement ou ex post.

Comme dans le cas du financement multilatéral public, seule la part attribuable aux pays développés transparaît dans les chiffres des financements climatiques privés mobilisés par les acteurs multilatéraux (voir le Tableau A A.1). La vocation climatique des financements mobilisés auprès de sources privée est déclarée au CAD de l'OCDE, soit sur la base des marqueurs de Rio (pour les fournisseurs bilatéraux et les fonds climatiques multilatéraux), soit suivant les méthodes des BMD (pour les BMD). L'ampleur de leur contribution en termes d'atténuation/adaptation est fonction de la vocation climatique ou du pourcentage d'interventions publiques mobilisant des financements privés. Par exemple, si des financements privés sont mobilisés dans le cadre d'un prêt de BMD dédié à 75 % à l'atténuation, alors c'est ce même pourcentage qui est appliqué au montant privé mobilisé. Les financements privés mobilisés à des fins climatiques selon les marqueurs de Rio sont comptabilisés à leur valeur nominale.

Les données sur les financements climatiques privés mobilisés collectées par le CAD de l'OCDE ou que les auteurs ont obtenues par estimation pour les besoins du présent rapport ont été converties en dollars des États-Unis sur la base des taux de change nominaux annuels moyens. Ces estimations sont présentées dans le Tableau A C.4.

Possibilités de faciliter et d'améliorer l'analyse de données

Les membres du CAD et la communauté multilatérale communiquent à l'OCDE des données sur les fonds qu'ils mobilisent auprès de sources privées au niveau des projets depuis 2013, conformément aux normes statistiques et aux définitions élaborées par le CAD de l'OCDE dans un souci de comparabilité. Ces données ont surtout servi à dégager des tendances lourdes dans divers travaux analytiques de l'OCDE. Pour répondre aux besoins grandissants de transparence parmi les acteurs du développement et du financement climatique, les membres du CAD ont adopté, en 2018, des règles de communication des données qui autorisent un large éventail de ces acteurs à les exploiter.

Ces dernières années, en revanche, des BMD se sont déclarées dans l'incapacité, pour des questions de confidentialité, de communiquer à l'OCDE tous les montants mobilisés auprès du secteur privé, y compris au titre de l'action pour le climat. Un groupe de travail réunissant des BMD, des membres du CAD et le Secrétariat de l'OCDE a été mis sur pied en 2019 pour étudier ce problème et trouver un moyen de permettre aux BMD de continuer à informer l'OCDE. Cela a conduit à la mise au point d'un outil analytique de données en ligne (OCDE, 2022[66]). Pour répondre aux obligations des BMD en matière de confidentialité des informations sur les clients, l'outil présente les agrégats suivants : par bénéficiaire et groupe de fournisseurs ou par fournisseur et secteur principal ou par fournisseur et région. Chacune de ces présentations peut être ventilée par mécanisme de mobilisation et type de montant (total mobilisé vs total mobilisé pour le climat). En outre, des accords de partage de données et de non-divulgation doivent être signés à ce jour avec la BAsD, la BERD, la BEI, IDB Invest et la SFI.

Révisions des données historiques

Face à l'augmentation du volume de données statistiques sur le financement climatique au cours des dernières années, les entrées de données spécifiques qui sous-tendent la série de rapports ont été révisées afin d'améliorer et d'affiner encore l'exactitude de l'analyse et des conclusions qu'elles présentent.

Ces révisions rétroactives portent sur les domaines suivants :

- **Ajustements résultant de la mise à jour des rapports par les fournisseurs :** Compte tenu de l'évolution de la qualité et de l'exhaustivité des données communiquées, certains fournisseurs ont révisé rétrospectivement leurs déclarations passées pour corriger les erreurs ou améliorer la cohérence de leurs données. Parmi les exemples de tels ajustements figurent la suppression des garanties dans les rapports sur les sorties de fonds des organisations multilatérales (car les garanties ne constituent pas des apports sauf si elles sont appelées) ou le reclassement d'instruments financiers. Bien que ces nouvelles soumissions de données n'aient eu qu'un impact limité sur les tendances globales, certaines ont pu avoir une incidence sur certaines ventilations thématiques pour les années 2016 à 2020.

- **Ajustements résultant de vérifications approfondies des données :** Dans le cadre de l'analyse plus poussée des données ventilées menée aux fins du présent rapport, quelques erreurs isolées de traitement des données ont été identifiées et corrigées. Il s'agit notamment de l'ajustement des taux de conversion utilisés pour deux fournisseurs en 2017 et 2019. L'effet le plus notable de cette évolution est un ajustement à la hausse des crédits à l'exportation totaux pour les années considérées.

- **Ajustements des quotes-parts pour l'affectation du financement climatique multilatéral aux pays développés :** Dans le cadre de la mise à jour de cette année des parts d'attribution applicables au financement climatique à partir de 2020, certaines parts propres aux institutions utilisées les années précédentes et en 2018-2019 en particulier ont été révisées. Ces corrections visaient principalement à adapter les pourcentages d'attribution à la définition plus large des pays développés, en incluant non seulement les parties visées à l'annexe II, mais aussi d'autres États membres de l'Union européenne (voir Tableau A A.4). En outre, un nombre limité de pourcentages corrigés étaient liés à l'amélioration de la disponibilité des informations entrées et à des erreurs techniques. L'impact de ces révisions sur les tendances globales est néanmoins négligeable.

Les ajustements résultant de ces révisions historiques sont résumés dans les deux tableaux ci-après. Au niveau agrégé, ces ajustements n'ont pas d'incidence sur les tendances générales et les messages clés présentés dans les précédents rapports de l'OCDE dans la série « Financement climatique et objectif de 100 milliards USD ».

Tableau A A.3. Impact des révisions des données historiques sur les volumes de financement climatique fournis et mobilisés (variations en milliards USD)

Composante	2017	2018	2019
Financement climatique public bilatéral	S.O.	S.O.	-0.1
Financement climatique public multilatéral	-0.4	+0.9	+0.6
Crédits à l'exportation liés au climat	+0.9	+0.6	S.O.
Financement privé mobilisé	S.O.	+0.1	+0.4
Total	+0.4	+1.6	+0.8

Note : Les chiffres ayant été arrondis, les totaux peuvent ne pas correspondre.

Tableau A A.4. Impact de la révision des pourcentages d'attribution du financement climatique multilatéral aux pays développés en 2018-19 (point de pourcentage de différence)

Type d'institution	Nom de l'institution	Abréviation	Pourcentage d'attribution 2018
Banques multilatérales de développement	Banque africaine de développement	BAfD	-1.8 %
	Fonds africain de développement	FAfD	Inchangé
	Banque Asiatique de développement	BAsD	Inchangé
	Fonds d'affectation spécial de la Banque asiatique de développement	FaSD	Inchangé
	Credit Guarantee and Investment Facility de la Banque asiatique de développement	CGIF	Inchangé
	Banque asiatique d'investissement pour l'infrastructure	BAII	Inchangé
	Banque de commerce et de développement de la mer Noire	BSTDB	Inchangé
	Banque de développement des Caraïbes	BDC	+4.8 %
	Banque centraméricaine d'intégration économique	BCIE	Inchangé
	Banque de développement du Conseil de l'Europe	CEB	-4.7 %
	Société andine de développement	SAD	-0.5 %
	Banque européenne pour la reconstruction et le développement	BERD	+2.6 %
	Banque européenne d'investissement	BEI	+1.4 %
	Banque internationale pour la reconstruction et le développement	BIRD	+2.0 %
	Association internationale de développement	AID	+3.1 %
	Banque interaméricaine de développement	BID	Inchangé
	Fonds d'affectation spécial de la Banque interaméricaine de développement		Inchangé
	IDB Invest	IDB Invest	Inchangé

Type d'institution	Nom de l'institution	Abréviation	Pourcentage d'attribution 2018
	Société financière internationale	SFI	+1.3 %
	Banque internationale d'investissement	BII	Inchangé
	Agence multilatérale de garantie des investissements	AMGI	+1.9 %
	Banque nord-américaine de développement	NADB	Inchangé
	Private Infrastructure Development Group	PIDG	-0.5 %
	Fonds pour l'adaptation	FA	Inchangé
	Fonds d'investissement pour le climat	FIC	Inchangé
	Caisse du Fonds pour l'environnement mondial Fonds	FEM	Inchangé
Fonds climatiques multilatéraux	Fonds pour les pays les moins avancés du Fonds pour l'environnement mondial	FEM - FPMA	+0.1 %
	Fonds spécial pour les changements climatiques du Fonds pour l'environnement mondial	FEM - FSpCC	+0.5 %
	Fonds vert pour le climat	FVC	Inchangé
	Fonds international pour le développement de l'agriculture	FIDA	Inchangé
	Fonds nordique de développement	FND	Inchangé

Annex B. Groupes de pays

Les analyses et chiffres exploités aux fins du présent rapport reposent sur la nomenclature suivante :

- les « pays développés », qui regroupent les parties à la CCNUCC visées à son Annexe II, ainsi que d'autres États membres de l'Union européenne, plus le Liechtenstein et Monaco (Tableau A B.1)
- les « pays en développement », qui correspondent aux pays et territoires figurant dans la liste des bénéficiaires de l'APD établie par le CAD pour 2018 et/ou les parties à la CCNUCC ne figurant pas à l'Annexe I (Tableau A B.2, Tableau A B.3 et Tableau A B.4). Des sous-catégories de pays en développement sont également identifiées : PEID, PMA et États fragiles.

Les pays et territoires qui ne relèvent d'aucune de ces catégories (en particulier, la Fédération de Russie) ne rentrent pas dans le champ de l'analyse.

Tableau A B.1. Pays développés

Australie	Union européenne	Lettonie	Portugal
Autriche	Finlande	Liechtenstein	Roumanie
Belgique	France	Lituanie	République slovaque
Bulgarie	Allemagne	Luxembourg	Slovénie
Canada	Grèce	Malte	Espagne
Croatie	Hongrie	Monaco	Suède
Chypre	Islande	Pays-Bas	Suisse
République tchèque	Irlande	Nouvelle-Zélande	Royaume-Uni
Danemark	Italie	Norvège	États-Unis
Estonie	Japon	Pologne	

Tableau A B.2. Pays en développement : Parties non visées à l'Annexe I dans Liste des bénéficiaires de l'APD établie par le CAD (apports de 2020)

Afghanistan	République dominicaine	Libye	Sainte-Lucie
Albanie	Équateur	Madagascar	Saint-Vincent-et-les-Grenadines
Algérie	Égypte	Malawi	Samoa
Angola	El Salvador	Malaisie	Sao Tomé-et-Principe
Antigua-et-Barbuda	Guinée équatoriale	Maldives	Sénégal
Argentine	Érythrée	Mali	Serbie
Arménie	Eswatini	Îles Marshall	Sierra Leone
Azerbaïdjan	Éthiopie	Mauritanie	Îles Salomon
Bangladesh	Fidji	Maurice	Somalie
Belize	Gabon	Mexique	Afrique du Sud
Bénin	Gambie	Micronésie	Soudan du Sud
Bhoutan	Géorgie	Moldova	Sri Lanka
Bolivie	Ghana	Mongolie	Soudan
Bosnie-Herzégovine	Grenade	Montenegro	Suriname
Botswana	Guatemala	Maroc	République arabe syrienne

Brésil	Guinée	Mozambique	Tadjikistan
Burkina Faso	Guinée-Bissau	Myanmar	Tanzanie
Burundi	Guyana	Namibie	Thaïlande
Cabo Verde	Haïti	Nauru	Timor-Leste
Cambodge	Honduras	Népal	Togo
Cameroun	Inde	Nicaragua	Tonga
République centrafricaine	Indonésie	Niger	Tunisie
Tchad	Iran	Nigéria	Turkménistan
Chine (République populaire de)	Iraq	Niue	Tuvalu
Colombie	Jamaïque	Macédoine du Nord	Ouganda
Comores	Jordanie	Pakistan	Ouzbékistan
Congo	Kazakhstan	Palaos	Vanuatu
Costa Rica	Kenya	Panama	Venezuela
Côte d'Ivoire	Kiribati	Papouasie-Nouvelle-Guinée	Viet Nam
Cuba	Kirghizistan	Paraguay	Cisjordanie et bande de Gaza
Corée	République démocratique populaire lao	Pérou	Yémen
République démocratique du Congo	Liban	Philippines	Zambie
Djibouti	Lesotho	Rwanda	Zimbabwe
Dominique	Libéria	Saint-Kitts-et-Nevis	

Tableau A B.3. Pays en développement : Parties non visées à l'Annexe I autres que les bénéficiaires de l'APD (apports 2020)

Andorre	Chili	Qatar	Seychelles
Bahamas	Îles Cook	Corée	Singapour
Bahreïn	Israël	Saint-Marin	Trinidad-et-Tobago
Barbade	Koweït	Saint-Kitts-et-Nevis	Émirats arabes unis
Brunei Darussalam	Oman	Arabie saoudite	Uruguay

Source : Les pays et territoires suivants ont été retirés de la liste du CAD des bénéficiaires de l'APD entre 2013 et 2020 : Barbade, Croatie, Mayotte, Oman, et Trinité-et-Tobago (2011) ; Anguilla et Saint-Kitts-et-Nevis (2014) ; Chili, Seychelles, Uruguay (2018) et Îles Cook (2020).

Tableau A B.4. Pays en développement : Bénéficiaires de l'APD autres que les Parties non visées à l'Annexe I (apports de 2020)

Bélarus	Montserrat	Tokélaou	Ukraine
Kosovo	Sainte-Hélène	Türkiye	Wallis-et-Futuna

Tableau A B.5. Petits États insulaires en développement (apports de 2020)

Antigua-et-Barbuda	Dominique	Maldives	Saint-Kitts-et-Nevis	Timor-Leste
Bahamas	République dominicaine	Îles Marshall	Sainte-Lucie	Tonga
Bahreïn	Fidji	Maurice	Saint-Vincent-et-les-Grenadines	Trinidad-et-Tobago
Barbade	Grenade	Micronésie	Samoa	Tuvalu
Belize	Guinée-Bissau	Montserrat	Sao Tomé-et-Principe	Vanuatu
Cabo Verde	Guyana	Nauru	Seychelles	
Comores	Haïti	Niue	Singapour	
Îles Cook	Jamaïque	Palaos	Îles Salomon	
Cuba	Kiribati	Papouasie-Nouvelle-Guinée	Suriname	

Tableau A B.6. Pays les moins avancés (apports de 2020)

Afghanistan	Djibouti	Malawi	Somalie
Angola	Érythrée	Mali	Soudan du Sud
Bangladesh	Éthiopie	Mauritanie	Soudan
Bénin	Gambie	Mozambique	Tanzanie
Bhoutan	Guinée	Myanmar	Timor-Leste
Burkina Faso	Guinée-Bissau	Népal	Togo
Burundi	Haïti	Niger	Tuvalu
Cambodge	Kiribati	Rwanda	Ouganda
République centrafricaine	République démocratique populaire lao	Sao Tomé-et-Principe	Vanuatu
Tchad	Lesotho	Sénégal	Yémen
Comores	Libéria	Sierra Leone	Zambie
République démocratique du Congo	Madagascar	Îles Salomon	

Note : Les pays suivants ont été retirés de la liste des PMA entre 2013 et 2020 : Samoa (2015) et Guinée équatoriale (2018).

Tableau A B.7. Contextes fragiles tels que définis par l'OCDE (apports de 2020)

Afghanistan	Guinée équatoriale	Libéria	Soudan du Sud
Angola	Érythrée	Libye	Soudan
Bangladesh	Eswatini	Madagascar	République arabe syrienne
Burkina Faso	Éthiopie	Mali	Tadjikistan
Burundi	Gambie	Mauritanie	Tanzanie
Cambodge	Guatemala	Mozambique	Togo
Cameroun	Guinée	Myanmar	Ouganda
République centrafricaine	Guinée-Bissau	Nicaragua	Venezuela
Tchad	Haïti	Niger	Cisjordanie et bande de Gaza
Comores	Honduras	Nigéria	Yémen
Congo	Iran	Pakistan	Zambie
Côte d'Ivoire	Iraq	Papouasie-Nouvelle-Guinée	Zimbabwe
République populaire démocratique de Corée	Kenya	Sierra Leone	
République démocratique du Congo	République démocratique populaire lao	Îles Salomon	
Djibouti	Lesotho	Somalie	

Note : Les pays suivants sont considérés comme des contextes extrêmement fragiles : Afghanistan, Burundi, Congo, Haïti, Iraq, République arabe syrienne, République centrafricaine, République démocratique du Congo, Somalie, Soudan, Soudan du Sud, Tchad, Yémen.

Régions et sous-régions

La section 2 a pour objet d'analyser le financement climatique par région et sous-région. Les appellations employées dans le présent rapport suivent la norme M49 de l'ONU dans la mesure du possible, ainsi que la classification régionale du CAD (Division de statistique des Nations Unies (DSNU), 2022[67] ; OCDE, 2022[62]). Les financements climatiques non alloués par région sont regroupés dans la rubrique « non spécifié ». Il s'agit notamment des apports aux organisations multilatérales ou du financement d'activités ayant une portée multirégionale.

Tableau A B.8. Liste des pays et territoires en développement par région et sous-région

Région	Sous-région	Pays
Afrique	Afrique du Nord	Algérie, Égypte, Libye, Maroc, Tunisie
	Afrique de l'Est	Burundi, Comores, Djibouti, Érythrée, Éthiopie, Kenya, Madagascar, Malawi, Maurice, Mozambique, Ouganda, Rwanda, Seychelles, Somalie, Soudan, Soudan du Sud, Tanzanie, Zambie, Zimbabwe
	Afrique de l'Ouest	Bénin, Burkina Faso, Cabo Verde, Côte d'Ivoire, Gambie, Ghana, Guinée, Guinée-Bissau, Libéria, Mali, Mauritanie, Niger, Nigéria, Sainte-Hélène, Sénégal, Sierra Leone, Togo
	Afrique centrale	Angola, Cameroun, Congo, Gabon, Guinée équatoriale, République centrafricaine, République démocratique du Congo, Sao Tomé-et-Principe, Tchad
	Afrique australe	Afrique du Sud, Botswana, Eswatini, Lesotho, Namibie
Asie	Asie centrale	Arménie, Azerbaïdjan, Géorgie, Kazakhstan, Kirghizistan, Ouzbékistan, Tadjikistan, Turkménistan
	Asie de l'Est	Brunei Darussalam, Cambodge, Chine, Corée, Indonésie, Malaisie, Mongolie, Philippines, République démocratique populaire lao, République populaire démocratique de Corée, Singapour, Thaïlande, Timor-Leste, Viet Nam
	Asie du Sud	Afghanistan, Bangladesh, Bhoutan, Inde, Maldives, Myanmar, Népal, Pakistan, Sri Lanka
	Moyen-Orient	Arabie saoudite, Bahreïn, Cisjordanie et bande de Gaza, Émirats arabes unis, Iran, Iraq, Israël, Jordanie, Koweït, Liban, Oman, Qatar, République arabe syrienne, Türkiye, Yémen
Europe	S.O.	Albanie, Andorre, Bélarus, Bosnie-Herzégovine, Kosovo, Macédoine du Nord, Moldova, Monténégro, Saint-Marin, Serbie, Ukraine
Amériques	Amérique centrale	Belize, Costa Rica, El Salvador, Guatemala, Honduras, Mexique, Nicaragua, Panama
	Amérique du Sud	Argentine, Bolivie, Brésil, Chili, Colombie, Équateur, Guyana, Paraguay, Pérou, Suriname, Uruguay, Venezuela
	Caraïbes	Antigua-et-Barbuda, Bahamas, Barbade, Cuba, Dominique, Grenade, Haïti, Jamaïque, Montserrat, République dominicaine, Saint-Kitts-et-Nevis, Sainte-Lucie, Saint-Vincent-et-les-Grenadines, Trinité-et-Tobago
Océanie	S.O.	Fidji, Îles Cook, Îles Marshall, Îles Salomon, Kiribati, Micronésie, Nauru, Niue, Palaos, Papouasie-Nouvelle-Guinée, Samoa, Tokélaou, Tonga, Tuvalu, Vanuatu, Wallis-et-Futuna

On notera les principales divergences ci-après entre la norme M49 et le présent rapport.

- L'Asie centrale regroupe toutes les anciennes républiques soviétiques d'Asie, sauf la Russie : Arménie, Azerbaïdjan, Géorgie, Kazakhstan, Kirghizistan, Ouzbékistan, Tadjikistan et Turkménistan.
- L'Asie occidentale est remplacée par le Moyen-Orient, tandis que les anciennes républiques soviétiques concernées (Arménie, Azerbaïdjan et Géorgie) sont incluses dans l'Asie centrale (voir ci-dessus).
- Le Soudan est rattaché à l'Afrique orientale et non septentrionale.

Ces divergences visent essentiellement à garantir une cohésion avec la classification employée par le CAD à l'égard des données sous-jacentes sur la mobilisation multilatérale de financements publics et privés. Sont également exclus les pays fournisseurs et d'autres pays et territoires.

Bien que les régions réunissent généralement des pays et territoires qui ont des attributs communs, elles présentent de grandes disparités de taille, de population, de revenu, de RNB et autres particularités statistiques. En conséquence, le recours à ces régions vise uniquement à faciliter l'analyse géographique.

Groupes de revenu

La classification des groupes de revenu utilisée dans le présent rapport reprend en grande partie celles des pays et catégories d'emprunteur définies par la Banque mondiale pour 2020. Pour ce qui est des territoires inclus dans l'ensemble de données sur le financement climatique mais non considérés dans la classification de la Banque mondiale, à savoir les Îles Cook, Niue, Montserrat et Tokélaou, le groupe de revenus retenu est celui indiqué dans la liste des bénéficiaires de l'APD établie par le CAD pour les besoins de la notification de l'aide allouée en 2018, 2019 et 2020.

Tableau A B.9. Liste des pays et territoires en développement par groupe de revenu (apports de 2020)

Catégorie	Pays
Pays et territoires à faible revenu (PFR)	Afghanistan, Bénin, Burkina Faso, Burundi, Érythrée, Éthiopie, Gambie, Guinée, Guinée-Bissau, Libéria, Madagascar, Malawi, Mali, Mozambique, Népal, Niger, Ouganda, République arabe syrienne, République centrafricaine, République démocratique du Congo, République populaire démocratique de Corée, Rwanda, Sierra Leone, Somalie, Soudan du Sud, Tanzanie, Tchad, Togo, Yémen
Pays et territoires à revenu intermédiaire de la tranche inférieure (PRITI)	Angola, Bangladesh, Belize, Bhoutan, Bolivie, Cabo Verde, Cambodge, Cameroun, Cisjordanie et bande de Gaza, Comores, Congo, Côte d'Ivoire, Djibouti, Égypte, El Salvador, Eswatini, Ghana, Haïti, Honduras, Îles Salomon, Inde, Indonésie, Iran, Kenya, Kiribati, Kirghizistan, Lesotho, Maroc, Mauritanie, Micronésie, Mongolie, Myanmar, Nicaragua, Nigéria, Ouzbékistan, Pakistan, Papouasie-Nouvelle-Guinée, Philippines, République démocratique populaire lao, Samoa, Sao Tomé-et-Principe, Sénégal, Soudan, Tadjikistan, Timor-Leste, Tunisie, Ukraine, Vanuatu, Viet Nam, Zambie, Zimbabwe
Pays et territoires à revenu intermédiaire de la tranche supérieure	Afrique du Sud, Albanie, Algérie, Argentine, Arménie, Azerbaïdjan, Bélarus, Bosnie-Herzégovine, Botswana, Brésil, Chine, Colombie, Costa Rica, Cuba, Dominique, Équateur, Fidji, Gabon, Géorgie, Grenade, Guatemala, Guinée équatoriale, Guyana, Îles Marshall, Iraq, Jamaïque, Jordanie, Kazakhstan, Kosovo, Liban, Libye, Macédoine du Nord, Malaisie, Maldives, Maurice, Mexique, Moldova, Monténégro, Namibie, Nauru, Panama, Paraguay, Pérou, République dominicaine, Sainte-Lucie, Saint-Vincent-et-les-Grenadines, Serbie, Sri Lanka, Suriname, Thaïlande, Tonga, Türkiye, Turkménistan, Tuvalu
Pays et territoires à revenu élevé	Andorre, Antigua-et-Barbuda, Arabie saoudite, Bahamas, Bahreïn, Barbade, Brunei Darussalam, Chili, Corée, Émirats arabes unis, Israël, Koweït, Oman, Palaos, Qatar, Saint-Kitts-et-Nevis, Saint-Marin, Seychelles, Singapour, Trinité-et-Tobago, Uruguay
Non classé	Îles Cook, Montserrat, Niue, Sainte-Hélène, Tokélaou, Venezuela, Wallis-et-Futuna

Annex C. Financement climatique et financement du développement

Cette section a pour objet de mettre en relation les données et les chiffres relatifs au financement climatique fourni et mobilisé par les pays en développement, tels que présentés dans (OCDE, 2022[5])et dans les trois premiers chapitres du présent rapport, avec les données et les pratiques en matière de notification du financement du développement. À cette fin, cette section examine les relations entre :

- D'une part, le financement climatique tel que notifié par les pays développés à la CCNUCC (qui correspond aux données utilisées pour étayer le présent rapport), et le financement du développement lié au climat notifié par (principalement) ces mêmes pays au CAD de l'OCDE. Cette comparaison porte sur les financements provenant de fournisseurs bilatéraux.
- D'autre part, le financement climatique public tel qu'il ressort du présent rapport et le financement total du développement, cette comparaison englobant à la fois les financements publics bilatéraux et multilatéraux.

Financement climatique et financement du développement lié au climat

Caractéristiques des données relatives au climat recueillies par le CAD-OCDE

Le CAD-OCDE utilise un ensemble de marqueurs (les « Marqueurs Rio ») pour déterminer dans quelle mesure le financement du développement enregistré dans le Système de notification des pays créanciers (SNPC) du CAD concourt à la réalisation des objectifs des Conventions des Nations Unies sur l'environnement (dites « Conventions de Rio »). Les données des marqueurs de Rio sont disponibles depuis 2000 pour l'atténuation du changement climatique (ainsi que pour la biodiversité et la désertification), et depuis 2009 pour l'adaptation au changement climatique.

Les marqueurs de Rio sont des éléments de notification obligatoires pour les activités d'APD des membres du CAD, tandis que la notification des autres apports du secteur public (AASP, composés d'apports non concessionnels ou non liés au développement) est facultative. D'autres donneurs bilatéraux ou institutions multilatérales peuvent également notifier les marqueurs de Rio sur les activités soumises au SNPC, à titre volontaire. Les fonds climatiques multilatéraux le font généralement, tandis que les BMD s'appuient sur leur propre méthodologie (voir Annex A plus haut)

La méthodologie des marqueurs de Rio permet de déterminer dans quelle mesure les objectifs climatiques sont intégrés aux portefeuilles d'activités de coopération pour le développement, au moyen d'un système de notation à trois niveaux :

- Principal (score 2) lorsque l'objectif (atténuation du changement climatique ou adaptation à ses effets) est explicitement énoncé comme jouant un rôle fondamental dans la conception de l'activité ou dans sa motivation première.
- Significatif (score 1) lorsque l'objectif (atténuation du changement climatique ou adaptation à ses effets) est explicitement mentionné mais ne constitue pas le moteur fondamental ou la motivation principale pour le réaliser.

- Non orienté vers l'objectif (score 0) signifie que l'activité a été examinée mais qu'il a été déterminé qu'elle ne ciblait pas l'objectif (atténuation du changement climatique ou adaptation à ses effets) de manière significative.

Les marqueurs Rio s'appliquent à l'ensemble des activités, c'est-à-dire que la note accordée s'applique à toutes les composantes d'une activité, dont certaines peuvent être davantage orientées vers le climat que d'autres. Les marqueurs ne permettent pas de suivre le montant exact du financement climatique, mais plutôt de savoir dans quelle mesure le financement du développement intègre le climat en tant qu'objectif principal ou significatif des activités enregistrées (de sorte à savoir dans quelle mesure le financement du développement est lié au climat). De ce fait, les marqueurs sont considérés comme descriptifs plutôt que purement quantitatifs.

Les données sur le financement du développement lié au climat recueillies par le CAD sont pleinement conformes aux normes de notification du SNPC, avec plus de cinquante champs d'information pour chaque activité collectée, tels que fournisseur, bénéficiaire, engagements, versements, canal, secteur, modalité de coopération pour le développement, autres marqueurs de l'action publique (tels que l'égalité femmes-hommes) et champs volontaires (tels que l'orientation vers les ODD). La méthodologie adoptée pour la collecte des données est incluse dans les directives statistiques du SNPC, disponibles en ligne. Le Secrétariat du CAD de l'OCDE procède à des contrôles de qualité des données reçues. Les données sont publiées chaque année dans un format homogène.

Principales différences entre les données du CAD-OCDE sur le financement climatique bilatéral et les données sur le financement climatique bilatéral à la CCNUCC

Pour suivre les progrès accomplis vers l'objectif de 100 milliards USD, le présent rapport examine les données sur le financement climatique bilatéral communiquées à la CCNUCC (voir l'annexe A), et non les données bilatérales relatives au climat communiquées au CAD-OCDE à l'aide de la méthodologie des marqueurs de Rio. Il existe plusieurs différences entre les deux ensembles de données, notamment :

- **Objectif :** Les données sur le financement climatique visent à atteindre l'objectif de 100 milliards USD, conformément aux principes énoncés dans la Convention. Les données du CAD-OCDE ont pour objectif de suivre l'intégration des objectifs climatiques dans le financement du développement.

- **Méthodologie :** Le financement climatique est notifié à la CCNUCC en tant que valeur monétaire exacte. Les marqueurs Rio sont une mesure descriptive.

- **Détails disponibles :** l'ensemble de données du CAD-OCDE contient davantage de champs (y compris les secteurs, les modalités, les engagements et les versements, les canaux, les dates de début et de fin, les ODD, les marqueurs des politiques, etc.) que le modèle de tableau commun de la CCNUCC.

- **Normalisation des données :** Les données de la CCNUCC sont moins normalisées et spécifiques que celles du CAD de l'OCDE. Par exemple, le financement climatique peut être notifié à la CCNUCC sur la base des engagements ou des versements, mais les versements comme les engagements doivent être notifiés à l'OCDE. La taxonomie sectorielle de la CCNUCC n'est pas normalisée, tandis que la classification des codes-objet de l'OCDE doit être suivie par tous les déclarants.

- **Contrôle de qualité :** La CCNUCC enregistre les données telles que communiquées par les membres, tandis que le Secrétariat de l'OCDE procède à des contrôles de qualité approfondis et fournit aux membres des commentaires sur leurs contributions.

- **Couverture des pays :** la liste des pays notifiant des données au CAD ne coïncide pas avec la liste des Parties à l'Annexe II à la Convention (voir Annex B).

- **Calendrier :** Les données de l'OCDE sont mises à jour chaque année, et les données sur le financement climatique bilatéral sont communiquées tous les deux ans.

Interactions et tendances respectives

Malgré ces différences, le financement bilatéral du développement lié au climat notifié à l'OCDE et le financement climatique bilatéral notifié à la CCNUCC présentent également de fortes interconnexions et des chevauchements, comme l'illustre le Graphique A C.1. Les activités publiques de financement climatique sont, pour la plupart, également des activités de financement du développement. La majorité des membres du CAD utilisent les données relatives aux marqueurs de Rio qu'ils ont communiquées à l'OCDE comme point de départ de leur soumission à la CCNUCC, moyennant l'utilisation de coefficients et d'autres ajustements.

Graphique A C.1. Évolution respective et comparative du financement climatique public bilatéral et du financement bilatéral du développement lié au climat, à la fois concessionnel et non concessionnel

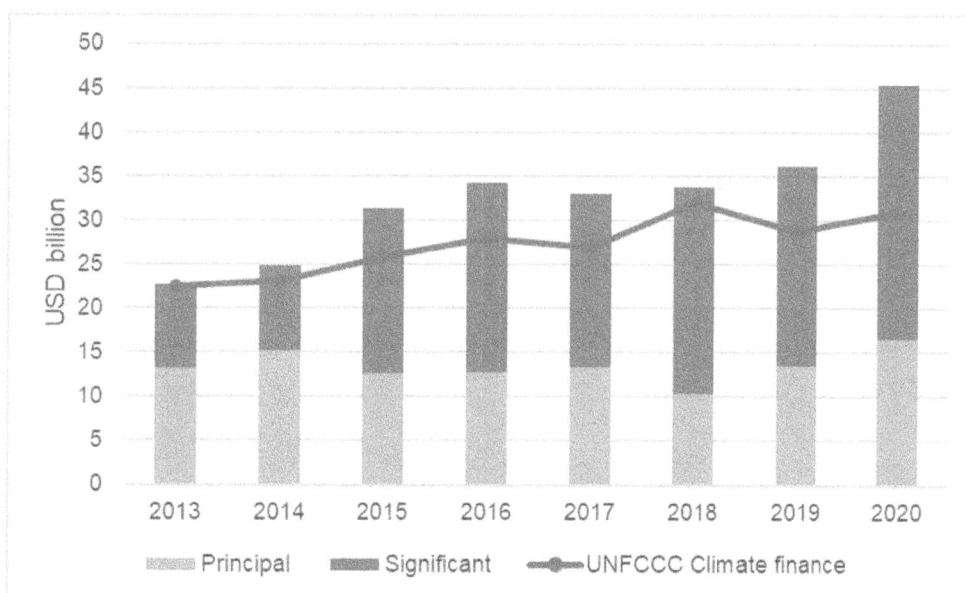

Note : Comparaison entre les données de la CCNUCC sur le financement climatique et les marqueurs de Rio du CAD-OCDE (engagements en USD, prix constants de 2020, financements climatiques bilatéraux concessionnels et non concessionnels, hors crédits à l'exportation). Le même groupe de déclarants a été sélectionné (l'Azerbaïdjan, les Émirats arabes unis, le Kazakhstan et la République de Corée ont été exclus des données du SNPC, tandis que la Bulgarie, Chypre, la Croatie, la Lituanie, le Liechtenstein, Malte et la Roumanie ont été exclus des données de la CCNUCC). Les données sur le financement climatique pour 2020 sont préliminaires.
Source : Voir Annexe A et Annexe B.

Afin d'accroître la transparence sur les liens entre les données relatives au climat et les données connexes, le Secrétariat du CAD de l'OCDE mène régulièrement des enquêtes sur l'utilisation des coefficients (et d'autres ajustements) des données des marqueurs Rio lors de la soumission des données sur le financement climatique à la CCNUCC. Une première enquête a été diffusée en 2018, suivie d'une en 2020 (OCDE, 2020[68]), et d'une troisième en 2022 (OCDE, 2022[15]).

D'après les résultats (provisoires) de l'enquête de 2022, la majorité des membres du CAD utilisent les données des marqueurs de Rio soumises à l'OCDE comme point de départ pour établir leurs contributions au financement climatique à la CCNUCC. La plupart des membres du CAD appliquent des coefficients fixes aux activités marquées comme significatives et principales, en particulier :

- Dans la plupart des cas, les activités classées comme principales avec un marqueur de Rio sont associées à un coefficient de 100 % lors de la notification à la CCNUCC. Un pays utilise un coefficient de 85 %.

- Les activités notées comme significatives avec un marqueur de Rio sont associées à un éventail beaucoup plus large de coefficients fixes. Dans la plupart des cas, les membres appliquent un coefficient fixe compris entre 30 % et 50 % à ces activités. Peu de membres appliquent un coefficient fixe de 100 %. Pour un membre, le coefficient appliqué aux activités marquées comme significatives est différencié par code sectoriel.

Certains membres disposent toutefois de systèmes distincts, gérés par des institutions indépendantes, pour produire les données sur le financement climatique pour la CCNUCC et les données relatives au climat pour l'OCDE. Dans ces cas, les interactions et les chevauchements sont moins évidents.

Le financement climatique public dans le contexte du financement du développement

En définitive, le financement climatique doit s'inscrire dans le contexte plus large du financement bilatéral et multilatéral du développement, pour lequel l'OCDE fournit des statistiques détaillées. Le Graphique A C.2 présente les parts indicatives représentées par le financement climatique bilatéral et multilatéral (calculées à partir des montants présentés dans le (OCDE, 2022[5]) et utilisés comme base pour l'analyse dans le corps du présent rapport) dans les montants totaux du financement bilatéral et multilatéral du développement (tels que notifiés au CAD de l'OCDE). On peut noter que la part annuelle est relativement plus stable pour la partie bilatérale (entre 15 et 20 %) que pour la partie multilatérale (entre 15 et 27 %).

Graphique A C.2. Engagements bilatéraux et multilatéraux de financement du développement, et part du financement climatique (milliards USD)

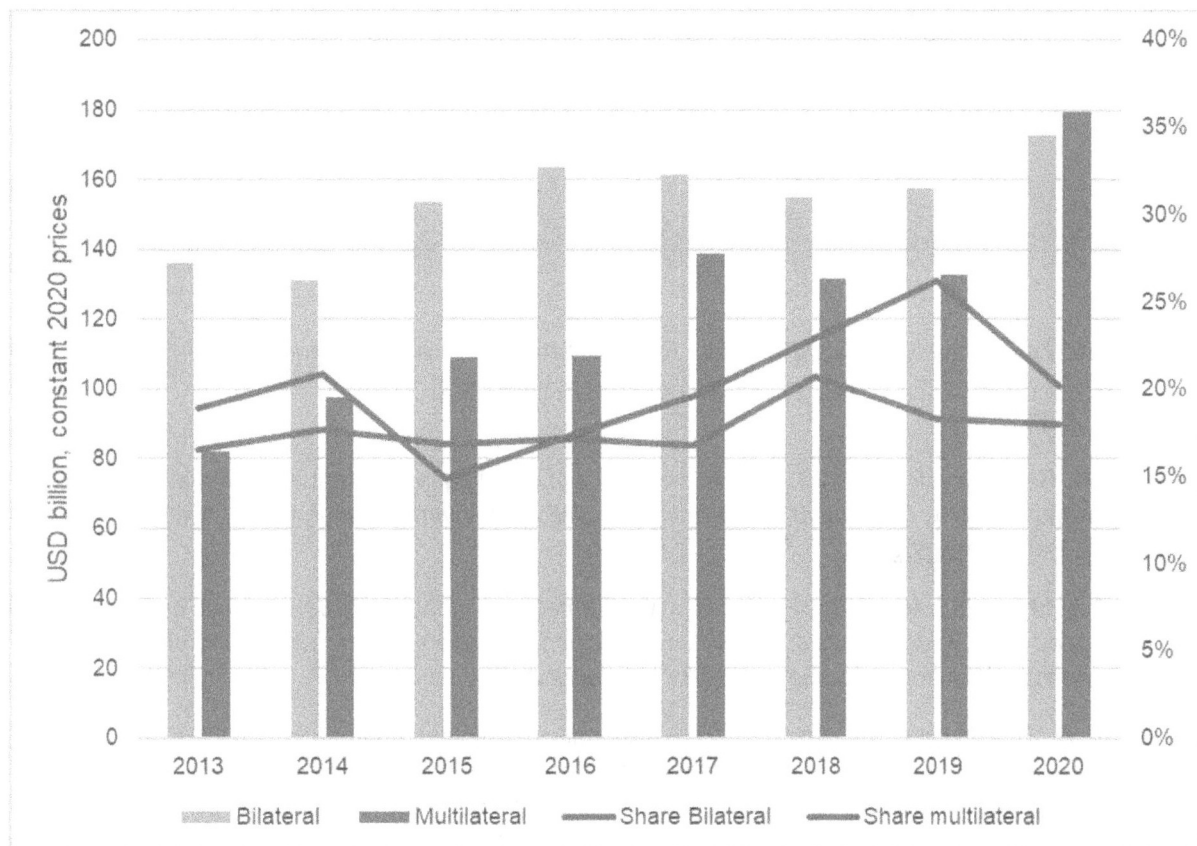

Note : Tous les membres du CAD, concessionnels uniquement.

Source : Les engagements bilatéraux et multilatéraux de financement du développement proviennent du SNPC du CAD-OCDE. Pour la source du financement climatique bilatéral et multilatéral, veuillez vous référer à l'Annexe A.

Références

Allianz (2022), *Country Risk Ratings | Maps, Reports & Analyses | Allianz Trade in USA*, [31]
https://www.allianz-trade.com/en_US/resources/country-reports.html (consulté le
18 août 2022).

Ang, G., D. Röttgers et P. Burli (2017), « The empirics of enabling investment and innovation in [35]
renewable energy », *Documents de travail de l'OCDE sur l'environnement*, n° 123, Éditions
OCDE, Paris, https://doi.org/10.1787/67d221b8-en.

Assouyouti, M. (2021), *Adaptation Fund's Results Framework - Adaptation Committee's event on* [49]
Monitoring and evaluation systems at the national and subnational level - Measuring progress
and impacts and communicating results on 5 October 2021.

Atteridge, A., C. Verkuijl et A. Dzebo (2019), « Nationally determined contributions (NDCs) as [14]
instruments for promoting national development agendas? An analysis of small island
developing states (SIDS) », *https://doi.org/10.1080/14693062.2019.1605331*, vol. 20/4,
pp. 485-498, https://doi.org/10.1080/14693062.2019.1605331.

BAfD (2022), *Rapport annuel 2021, Banque africaine de développement, Construire aujourd'hui,* [71]
l'Afrique de demain, https://www.afdb.org/fr/documents/rapport-annuel-2021 (consulté le
17 août 2022).

Banque mondiale (2020), *Transformative climate finance: A new approach for climate finance to* [44]
achieve low-carbon resilient development in developing countries, Groupe de la Banque
mondiale, Washington, D.C.

Barrett, S. (2014), « Subnational Climate Justice? Adaptation Finance Distribution and Climate [22]
Vulnerability », *World Development*, vol. 58, pp. 130-142,
https://doi.org/10.1016/J.WORLDDEV.2014.01.014.

Brown, J. et al. (2015), « Estimating mobilized private finance for adaptation: exploring data and [16]
methods », http://www.climatepolicyinitiative.org (consulté le 6 juillet 2022).

Caldwell, M. et G. Larsen (2021), « Improving Access to the Green Climate Fund: How the Fund [19]
Can Better Support Developing Country Institutions », *Institut des ressources mondiales*,
https://doi.org/10.46830/WRIWP.19.00132.

CCNUCC (2022), *Biennial Update Report submissions from Non-Annex I Parties | CCNUCC*, [56]
https://unfccc.int/BURs (consulté le 18 août 2022).

CCNUCC (2020), *Rapport de la Conférence des Parties sur sa vingt-cinquième session, tenue à Madrid du 2 au 15 décembre 2019, Deuxième partie : Mesures prises par la Conférence des Parties à sa vingt-cinquième session, Décision 6/CP.25 : Révision des Directives FCCC pour l'établissement des communications nationales des Parties visées à l'annexe I de la Convention*, Secrétariat de la CCNUCC, Bonn, https://unfccc.int/sites/default/files/resource/cp2019_13a01Fpdf (consulté le 17 mars 2022). [70]

CCNUCC (2019), *Modalités, procédures et lignes directrices aux fins du cadre de transparence des mesures et de l'appui visé à l'article 13 de l'Accord de Paris*, https://unfccc.int/fr/sites/default/files/resource/cp2018_10_add1_advance.pdf%26from%3Dhttps%3A//unfccc.int/process-and-meetings/the-paris-agreement/paris-agreement-work-programme/katowice-climate-package. [4]

CCNUCC (2015), *Accord de Paris*, Secrétariat de la CCNUCC, Paris, https://unfccc.int/sites/default/files/french_paris_agreement.pdf. [8]

CCNUCC (2015), *L'Accord de Paris*, https://unfccc.int/fr/processus-et-reunions/l-accord-de-paris/l-accord-de-paris (consulté le 1 février 2021). [3]

CCNUCC (2012), *Décision 2/CP.17 : Résultats des travaux du Groupe de travail spécial de l'action concertée à long terme au titre de la Convention, Rapport de la Conférence des Parties sur sa dix-septième session, tenue à Durban du 28 novembre au 11 décembre 2011 : Deuxième partie : Mesures prises par la Conférence des Parties à sa dix-septième session*, Secrétariat de la CCNUCC, Bonn, https://documents-dds-ny.un.org/doc/UNDOC/GEN/G12/605/49/pdf/G1260549.pdf?OpenElement. [53]

CCNUCC (2010), *Cancun Agreements*, https://unfccc.int/process/conferences/pastconferences/cancun-climate-change-conference-november-2010/statements-and-resources/Agreements. [2]

CCNUCC (2009), *Accord de Copenhague*, https://unfccc.int/fr/node/6103. [1]

CCNUCC CPF (2021), « UNFCCC Standing Committee on Finance: First report on the determination of the needs of developing country Parties related to implementing the Convention and the Paris Agreement », CCNUCC, https://unfccc.int/topics/climate-finance/workstreams/needs-report (consulté le 11 avril 2022). [9]

Chen, C. et al. (2015), *University of Notre Dame Global Adaptation Index: Country Index Technical Report*, University of Notre Dame, http://index.gain.org/about/reference. (consulté le 25 mai 2022). [23]

CIF et Itad (2020), *Signals of transformational change*, Fonds d'investissement climatiques (CIF), Washington, D.C. [47]

Clima Capital Partners LLC et Aviva Investors (2022), *Mind the gap: An estimate of climate finance needs by developing countries to fund their NDC committments*. [10]

Climate Action Tracker (2022), *Net zero targets | Climate Action Tracker*, https://climateactiontracker.org/methodology/net-zero-targets/ (consulté le 1 juin 2022). [12]

Climate Watch (2022), *Climate Data for Action | Climate Watch | Emissions and Policies*, World Resources Institute., Washington, D.C., https://www.climatewatchdata.org/ (consulté le 18 août 2022). [69]

Coface (2022), *Country Risk Assessment Map*, https://www.coface.com/Economic-Studies-and-Country-Risks (consulté le 18 août 2022). [32]

DAES de l'ONU (2015), *Programme d'action d'Addis-Abeba issu de la troisième Conférence internationale sur le financement du développement*, Département des affaires économiques et sociales des Nations Unies, Addis-Abeba. [57]

Division de statistique des Nations Unies (DSNU) (2022), *UNSD — Methodology: Standard country or area codes for statistical use*, https://unstats.un.org/unsd/methodology/m49/overview/ (consulté le 17 août 2022). [67]

Doshi, D. et M. Garschagen (2020), « Understanding Adaptation Finance Allocation: Which Factors Enable or Constrain Vulnerable Countries to Access Funding? », *Sustainability*, vol. 12/10, p. n° 4308, https://doi.org/10.3390/su12104308. [20]

Ellis, J., R. Caruso et S. Ockenden (2013), « Exploring Climate Finance Effectiveness », *OECD/IEA Climate Change Expert Group Papers*, n° 2013/4, Éditions OCDE, Paris, https://doi.org/10.1787/5jzb44nmnbd2-en. [45]

Ellis, J. et al. (2018), « Operationalising selected reporting and flexibility provisions in the Paris Agreement », *OECD/IEA Climate Change Expert Group Papers*, n° 2017/6, Éditions OCDE, Paris, https://www.oecd.org/fr/env/cc/ccxg/ (consulté le 11 février 2019). [55]

Falduto, C. et J. Ellis (2019), « Reporting Tables - potential areas of work under SBSTA and options - Part II, Financial support provided, mobilised and received », *OECD/IEA Climate Change Expert Group Papers*, Éditions OCDE, https://www.oecd.org/fr/environnement/cc/ccxg/ (consulté le 7 avril 2022). [54]

Feindouno, S. et P. Guillaumont (2019), *Measuring physical vulnerability to climate change: The PVCCI, an index to be used for international development policies*, Fondation pour les études et recherches sur le développement international, https://ferdi.fr/dl/df-jcaBHQBakjVCHeMjantT56Lt/ferdi-b190-measuring-physical-vulnerability-to-climate-change-the-pvcci-an.pdf (consulté le 24 mai 2022). [25]

Feindouno, S., P. Guillaumont et C. Simonet (2020), « The Physical Vulnerability to Climate Change Index: An Index to Be Used for International Policy », *Ecological Economics*, vol. 176, p. 106752, https://doi.org/10.1016/J.ECOLECON.2020.106752. [24]

Garschagen, M. et D. Doshi (2022), « Does funds-based adaptation finance reach the most vulnerable countries? », *Global Environmental Change*, vol. 73, p. 102450, https://doi.org/10.1016/J.GLOENVCHA.2021.102450. [18]

GIEC (2022), *Climate Change 2022: Mitigation of Climate Change*, Groupe d'experts intergouvernemental sur l'évolution du climat. [11]

Global Methane Pledge (2022), *Global Methane Pledge - https://www.globalmethanepledge.org/.* [13]

Groupe des banques multilatérales de développement (BMD) (2021), *2020 Joint Report on Multilateral Development Banks' Climate Finance*, https://www.worldbank.org/en/news/press-release/2021/07/02/mdbs-climate-finance-for-developing-countries-rose-to-us-38-billion-joint-report-shows (consulté le 29 août 2022). [6]

Lamhauge, N., E. Lanzi et S. Agrawala (2013), « The use of indicators for monitoring and evaluation of adaptation: lessons from development cooperation agencies », *Climate and Development*, vol. vol. 5/n° 3, pp. pp. 229-241, https://doi.org/10.1080/17565529.2013.801824. [51]

Leiter, T. et al. (2019), « Adaptation metrics: Current landscape and evolving practices », http://www.gca.org (consulté le 17 août 2022). [52]

Levine, R. (1996), « Foreign Banks, Financial Development, and Economic Growth International financial markets: Harmonization versus competition », *Berkeley Edu*. [38]

Moser, S. et al. (2019), « Adaptation finance archetypes: local governments' persistent challenges of funding adaptation to climate change and ways to overcome them », *Ecology and Society, publié en ligne le 18 juin 2019*, vol. vol. 24/n° 2 , https://doi.org/10.5751/ES-10980-240228. [7]

Mullan, M. et N. Ranger (à paraître), *Framing Paper on Climate-resilient Finance and Investment*. [34]

OCDE (2022), *Aggregate Trends of Climate Finance Provided and Mobilised by Developed Countries in 2013-2020*, Climate Finance and the USD 100 Billion Goal, Éditions OCDE, Paris, https://doi.org/10.1787/d28f963c-en. [5]

OCDE (2022), *Crédits à l'exportation - OCDE*, https://www.oecd.org/fr/echanges/sujets/credits-exportation/ (consulté le 17 août 2022). [65]

OCDE (2022), *Listes de codes du CAD et SNPC - OCDE*, https://www.oecd.org/fr/developpement/financementpourledeveloppementdurable/normes-financement-developpement/listesdecodesducadetsnpc.htm (consulté le 17 août 2022). [62]

OCDE (2022), *Mobilisation - OECD Stat*, https://stats.oecd.org/Index.aspx?lang=fr&SubSessionId=a05ac247-abc5-4759-8532-abec55c2bf2b&themetreeid=3 (consulté le 17 août 2022). [66]

OCDE (2022), *Results of the survey on the coefficients applied to 2019-20 Rio marker data when reporting to the UN environmental conventions*, https://www.oecd.org/officialdocuments/publicdisplaydocumentpdf/?cote=DCD/DAC/STAT(2022)24&docLanguage=En (consulté le 29 août 2022). [15]

OCDE (2021), *Clean Energy Finance and Investment Policy Review of Viet Nam*, Green Finance and Investment, Éditions OCDE, Paris, https://doi.org/10.1787/61c33f7f-en. [37]

OCDE (2021), *Financement climatique fourni et mobilisé par les pays développés en 2013-2018*, Climate Finance and the USD 100 Billion Goal, Éditions OCDE, Paris, https://doi.org/10.1787/0f7de621-fr. [60]

OCDE (2021), *Financement climatique fourni et mobilisé par les pays développés : Tendances agrégées mises à jour avec les données de 2019*, Climate Finance and the USD 100 Billion Goal, Éditions OCDE, Paris, https://doi.org/10.1787/68a276c9-fr. [61]

OCDE (2021), *Investing in the climate transition: The role of development banks, development finance institutions and their shareholders*, Éditions OCDE, https://www.oecd.org/dac/financing-sustainable-development/Policy-perspectives-Investing-in-the-climate-transition.pdf (consulté le 23 mai 2022). [27]

OCDE (2020), *États de fragilité 2020*, Éditions OCDE, Paris, https://doi.org/10.1787/0d344c87-fr. [72]

OCDE (2020), « Results of the survey on the coefficients applied to Rio marker data when reporting to the UN environmental conventions », https://www.oecd.org/officialdocuments/publicdisplaydocumentpdf/?cote=DCD/DAC/STAT(2020)41/REV2&docLanguage=En. [68]

OCDE (2020), *Transition finance ABC methodology: A user's guide to transition finance diagnostics*, Éditions OCDE, https://www.oecd-ilibrary.org/development/transition-finance-abc-methodology_c5210d6c-en (consulté le 28 mai 2022). [30]

OCDE (2019), *Aligning Development Co-operation and Climate Action: The Only Way Forward*, Objectif développement, Éditions OCDE, Paris, https://doi.org/10.1787/5099ad91-en. [58]

OCDE (2019), « Attribution of multilateral climate finance in the report « Climate Finance in 2013-14 and the USD 100 billion goal » ». [64]

OCDE (2019), *Des meilleurs critères pour des meilleurs évaluations : Définitions adaptées et principes d'utilisation*, Éditions OCDE, Paris. [43]

OCDE (2019), *Financement climatique fourni et mobilisé par les pays développés en 2013-2017*, Climate Finance and the USD 100 Billion Goal, Éditions OCDE, Paris, https://doi.org/10.1787/0f7de621-fr. [59]

OCDE (2019), « Scaling up climate-compatible infrastructure: Insights from national development banks in Brazil and South Africa », *OECD Environment Policy Papers*, n° 18, Éditions OCDE, Paris, https://doi.org/10.1787/12456ee6-en. [40]

OCDE (2018), *Making Development Co-operation Work for Small Island Developing States*, Éditions OCDE, Paris, https://doi.org/10.1787/9789264287648-en. [17]

OCDE (2018), *Mettre le financement mixte au service des Objectifs de développement durable*, Éditions OCDE, Paris, https://doi.org/10.1787/2e236a6b-fr. [42]

OCDE (2018), *OECD DAC Blended Finance Principles for Unlocking Commercial Finance for the Sustainable Development Goals*, https://www.oecd.org/dac/financing-sustainable-development/development-finance-topics/OECD-Blended-Finance-Principles.pdf. [41]

OCDE (2015), *Lignes directrices pour l'investissement dans une infrastructure énergétique propre : Faciliter l'accès aux énergies propres en faveur du développement et de la croissance verte*, Éditions OCDE, Paris, https://doi.org/10.1787/9789264212688-fr. [36]

OCDE (2014), *Measurement of Development Finance Post-2015 • Emerging Concept of Total Official Support for Development • Treatment of Market-Like Instruments • Action Plan to Achieve a More Balanced Distribution of ODA*, http://www.oecd.org/dac (consulté le 12 juillet 2022). [29]

OCDE (à paraître), *Monitoring exposure to climate-related hazards: Indicator methodology and key results*. [26]

OCDE/La Banque mondiale/ONU Environnement (2018), *Financing Climate Futures: Rethinking Infrastructure*, Éditions OCDE, Paris, https://doi.org/10.1787/9789264308114-en. [39]

OCDE-CAD (2016), « Converged Statistical Reporting Directives for the Creditor Reporting System (CRS) and the Annual DAC Questionnaire », n° DCD/DAC(2016)3/FINAL, Éditions OCDE, https://www.oecd.org/dac/stats/documentupload/DCDDAC(2016)3FINAL.pdf. [63]

Partenariat mondial pour une coopération efficace au service du développement (2011), *Document final de Nairobi*. [48]

Pauw, W. et al. (2021), « A focus on market imperfections can help governments to mobilize private investments in adaptation », *https://doi.org/10.1080/17565529.2021.1885337*, vol. 14/1, pp. pp. 91-97, https://doi.org/10.1080/17565529.2021.1885337. [33]

PNUE (2021), *Emissions Gap Report 2021*, Programme des Nations Unies pour l'environnement, https://www.unep.org/resources/emissions-gap-report-2021 (consulté le 27 mai 2022). [28]

Saunders, N. (2019), *Climate change adaptation finance: are the most vulnerable nations prioritised?*, Stockholm Environment Institute. [21]

Vallejo, L. (2017), « Insights from national adaptation monitoring and evaluation systems », *OECD/IEA Climate Change Expert Group Papers*, n° 2017/03, Éditions OCDE, Paris, https://doi.org/10.1787/da48ce17-en. [50]

Ye Zou, S. et S. Ockenden (2016), *What Enables Effective International Climate Finance in the Context of Development Co-operation?*, Éditions OCDE, Paris. [46]